RFKLX

Ein Architektur-Magazin von und über Knerer und Lang

jovis

Textliche und bildliche Reflexionen von Orla Connolly, Florian Heilmeyer, David Kasparek, Philipp Sturm, Peter Cachola Schmal und Jens Weber sowie eine gezeichnete Reise von Jan Feindt.

Aus Gründen der Lesbarkeit und der sprachlichen Vereinfachung haben wir bei Personen die männliche Substantivform verwendet, wenn keine geschlechtsneutrale Formulierung möglich ist. Gemeint sind immer alle Geschlechter.

Editorial

Schon während der ersten Redaktionssitzungen wurde uns klar, dass wir unsere Herangehensweise an Architektur nicht in einer einfachen Werkschau mit einer Aneinanderreihung von Fotos vermitteln wollen. Uns hat immer auch der – gelegentlich durchaus kritische – Blick auf unsere Bauten „von außen" interessiert. Wir konnten feststellen, dass sich die Wahrnehmung von Architektur seit unserer Bürogründung im Jahr 1993 verändert hat. Der Stellenwert von Entwurf und Funktionalität gerät zugunsten scheinbarer Kostenreduzierung immer mehr in den Hintergrund. Diese beiden Aspekte, Rezeption und Relevanz, sollen in unserem Magazin angesprochen werden. Es soll nicht als klassische Werkschau, sondern eher als diskursive Momentaufnahme verstanden werden. Kritische Stimmen werden ebenso Raum finden wie die Auseinandersetzung mit der realen Arbeitswelt von Architekten und Architektinnen, die sich immer neuen Herausforderungen stellen müssen.

Zu diesen Herausforderungen gehören die erheblich gestiegenen technischen und ökonomischen Anforderungen beim Bauen. Gestalterische Ansprüche haben sich zunehmend einer ständig wachsenden Flut an Normen und Vorschriften unterzuordnen. Es ist schwer zu sagen, wie sich der wichtige gesellschaftliche Anspruch an mehr Nachhaltigkeit erfüllen lässt, wenn zu dessen Erfüllung der überwiegende Teil eines Baubudgets in komplizierte und wartungsintensive Haustechnik und immer höhere Dämmstandards investiert werden muss. Nachhaltigkeit entsteht nach unserer Auffassung eben gerade durch eine angemessene und gültige Gestaltung, die in Kombination mit einer stimmigen und technisch sinnvollen Konstruktion zu einer unter ökonomischen Aspekten betrachtet sinnvollen Investition führt.

Management und Organisation von Prozessen nehmen inzwischen oft schon in der Entwurfsphase mehr Zeit in Anspruch als planungsrelevante Themen wie räumliche Qualität und Gestaltung. Wir finden das bedauerlich, denn Prozessoptimierung hat im Vergleich zur Standzeit von Gebäuden eine kurze Wirkungsdauer.

EVA MARIA
LANG

ARCHITEKTIN

THOMAS
KNERER

ARCHITEKT

Foto: ORLA CONNOLLY

Im Abspann von Kinofilmen laufen oft Hunderte von Namen über die Leinwand. Wer nach dem Film lange genug sitzen bleibt, bekommt eindrucksvoll vorgeführt, wer vom Regisseur bis zum Catering wichtige Beiträge zum Gesamtergebnis geleistet hat. Wir verstehen zwar nichts vom Filmgeschäft, aber nach unserem Eindruck ist die Produktion von Architektur noch deutlich personalintensiver. Die Bandbreite der Beteiligten reicht von Bauherren und Nutzern, den Teams im Architekturbüro und in den Fachplanungsbüros über diverse Gutachter bis hin zu den vielen Beteiligten bei den Genehmigungsbehörden, den Produzenten der verwendeten Produkte und den verarbeitenden Fachleuten auf der Baustelle. Hinzu kommen viele weitere Spezialisten wie etwa Anwälte, die die Vertragsgestaltung begleiten. Der „Abspann" zu einem Architekturprojekt hätte womöglich selbst Spielfilmlänge.

Wir fragen uns, wie lange die Berufsgruppe der Architekten angesichts dieser Vielzahl an Beteiligten noch von sich fordern kann, den komplexen Prozess des „Bauens" als Generalisten zu beherrschen. Diese Idee ist möglicherweise bereits überholt und beruht wohl noch auf dem Selbstverständnis unserer Vorgängergenerationen als „Baumeister". War dieser Anspruch vor fünfzig Jahren vielleicht noch erfüllbar, sind heute durchaus Zweifel angebracht. Es lässt sich beobachten, dass die Ausbildung der Architektinnen und Architekten mit der Komplexität unserer Aufgaben kaum mehr Schritt halten kann. Die Lehrinhalte orientieren sich leider wenig an einem realistischen Berufsbild und die Studiendauer hat sich in den vergangenen Jahren eher verkürzt. Umso wichtiger ist es für uns im Team, gemeinsame Ziele zu entwickeln und uns durch entsprechende Spezialisierung, aber auch gezielte Akquisition darauf hinzubewegen.

Die Frage nach diesen Zielen stellt sich in unserer Arbeit täglich. Wir glauben, dass sich Architektur wieder stärker den Menschen zuwenden muss, die mit ihr zurechtkommen müssen. Es müssen neue Konzepte gefunden werden, um den technischen Aufwand zum Betrieb unserer Häuser beherrschbar zu halten und die gestalterische Qualität zu steigern. Vielleicht klingt es so, als hätten wir uns damit nicht gerade viel vorgenommen, aber wir haben eher den Eindruck, dass die Strecke momentan eher länger als kürzer wird. Was wir auf diesem Weg schon erreichen konnten, soll dieses Magazin nun zur Diskussion stellen. Mit dem Blick durch die Linse der Fotografierenden und durch reflektierte Texte und Kommentare unserer Autoren wollen wir eine vielschichtige Sicht auf unsere Arbeit ermöglichen.

Zu guter Letzt wollen wir uns bei unseren Wegbegleitern bedanken: Ohne unsere Mitarbeiterinnen und Mitarbeiter können keine erfolgreichen Projekte entstehen. Wie schön, mit Euch zusammenarbeiten zu dürfen! Dank schulden wir auch unseren Auftraggebern, die uns die Planungen ihrer Häuser anvertraut haben. Ohne gegenseitiges Vertrauen kann kein gutes Ergebnis entstehen. Diesem Vertrauen gerecht zu werden, um gemeinsam Werte zu schaffen, ist der Antrieb unserer Arbeit.

Und nun viel Spaß bei der Lektüre!

Inhalt

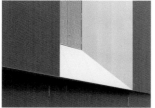

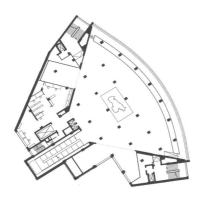

RADIKALE BEHUTSAMKEIT

01

↘

Vom Umgang mit Bestehendem im Werk von Knerer und Lang

Text: Florian Heilmeyer

Wer hätte gedacht, dass zu Beginn des neuen Jahrtausends ausgerechnet das uralte „Bauen im Bestand" neu erblüht? Aber es ist so: Die Architektur hat sich vom Zwang zur spektakulären Form, der sie über weite Strecken der 1990er- und 2000er-Jahre begleitet hat, befreit. Computer zu benutzen bedeutet eben nicht zwangsläufig, amorphe Formen zu produzieren. Stattdessen wird in Fach- und Tagespresse wieder viel über Umbauten diskutiert und darüber, was es zu erhalten gilt und was nicht und warum. Im Zuge dieser Diskussion hat sich auch die architektonische Qualität bei Umbauten erheblich verbessert. Fast wirkt es so, als wäre dieser alte Ast der Architekturgeschichte noch nie frischer, freier und vielfältiger gewesen. Wie man das auch immer einordnen will, eins steht fest: Nachdem das 20. Jahrhundert den Neubau als „reine Lehre" zu seinem übergeordneten Fetisch gemacht hatte, ist die Werkzeugkiste für Architekten mit der Frage, wie viel es zu erhalten und zu integrieren gibt, wieder erheblich größer geworden.

Im Portfolio von Knerer und Lang findet sich dafür ausgiebiges Anschauungsmaterial. Ob durch eigene Entscheidung oder nicht, sie sind erst zu Pionieren, dann zu Experten für den Umbau der Nachkriegsmoderne geworden. Dafür sorgte gleich ihr erster größerer Auftrag fast parallel zur Gründung des eigenen Büros 1993 in Dresden: Die WOBA suchte ein architektonisches Konzept für die Neuordnung der Plattenbauten aus den 1970er-Jahren entlang der Hauptstraße in Dresdens südlicher Neustadt. Das Projekt sollte Knerer und Lang in mehreren Bauabschnitten fast zwanzig Jahre lang beschäftigen, und vielleicht findet es in Zukunft sogar noch eine weitere Fortsetzung, denn am Neustädter Markt gibt es noch einen weiteren unsanierten Altbau. Jedenfalls katapultierte dieses Projekt die Neu-Dresdner mitten hinein in die Debatten um den Umgang mit dem baulichen Erbe der DDR, eine Debatte, in der die Fronten damals noch längst nicht so verhärtet waren, wie sie es heute sind.

Über die Gewinnung von Betongold

DRESDEN.
HAUPTSTRASSE.

↘

Frischlinge im Plattenbau

Alles war noch neu in Ostdeutschland 1993: Das alte System war fort, neue Strukturen noch nicht etabliert. Die umstrukturierte WOBA erhoffte sich von den jungen Architekten aus dem Westen wohl auch eine frische, mutige Position im Umgang mit den Plattenbauten; einen unvoreingenommenen Blick auf das belastete Erbe. Denn die Zeilen auf beiden Seiten der Hauptstraße sind ein Sonderfall: Die Neustadt ist eine barocke Stadterweiterung, die in diesem Bereich nördlich des Königsufers um 1730 von Wolf Caspar von Klengel geplant wurde und die bis in die Gründerzeit hinein wuchs. Ein Großteil der alten Häuser wurde bei den Bombardierungen der Stadt 1945 zerstört, die Reste der Häuser an der Hauptstraße und am Neustädter Markt verschwanden in den Enttrümmerungen der Nachkriegsjahre. In den 1970er-Jahren folgte die Neuordnung mit Plattenbauten im WBS-70-System, mit denen der barocke Stadtgrundriss etwas grobkörnig nachgezeichnet wurde. Die sechsgeschossigen Wohnbauten bildeten zu beiden Seiten der breiten Allee einen großmaßstäblichen Blockrand, eine gute Fassung für den Straßenraum und das große Vordach des Erdgeschosses bot einen angenehmen Arkadengang, eine der wenigen Flaniermeilen des sozialistischen Städtebaus. Vor allem aber boten die Häuser günstige Wohnungen und kleinteilige Gewerbeeinheiten in privilegierter innerstädtischer Lage. Anders als in Halle-Neustadt, Leipzig-Grünau oder Dresden-Gorbitz stand ein Abriss dieser Plattenbauten nicht zur Debatte; auch weil sich die Diskussionen um einen Wiederaufbau des *Historischen Dresdens* noch auf die Frauenkirche und den Neumarkt konzentrierten.

Knerer und Lang gingen allerdings mit ihrem Konzept noch einen Schritt weiter. Sie stellten die Plattenbauten der 1970er-Jahre und die barocke Stadtanlage als gleichberechtigte Schichten der Stadtgeschichte nebeneinander: *Beide städtebauliche Ansätze haben bis heute ihre Gültigkeit*, so definierten sie ihren Ausgangspunkt. Das ist bis heute eine mutige Position, nicht nur in Dresden. Die Entwurfsarbeit bestand zunächst in ausführlichen Gesprächen mit der WOBA und den Mietern an der Hauptstraße, um herauszufinden, was den Wohnungen und Häusern tatsächlich fehlte. Statt eines radikalen Umbaus legten sie eine Reihe minimalinvasiver Eingriffe fest – nicht primär aus wirtschaftlichen Überlegungen, sondern weil die Wohnungen sich als effizient und zweckmäßig erwiesen. Schnell ging es eher darum, die Badezimmertür zehn Zentimeter zu versetzen, damit eine Standard-Waschmaschine an die Wand daneben passt. Der dramatischste Eingriff war die Entfernung der Balkone, deren konstruktive Schäden und räumliche Nachteile zu groß waren, um sie zu bewahren. Stattdessen schlugen sie eine einfache Stahlstruktur vor, die vor die ertüchtigten Außenfassaden gestellt werden konnte. Das ist im Prinzip ein offenes Regal im Raster der Plattenbauten, aber mit neuen Gestaltungsmöglichkeiten. Die verschiedenen Bauabschnitte entlang der Hauptstraße erhielten unterschiedliche

Gesichter: Wintergärten, bewegliche Glaslamellen oder Lochblechfassaden. So wurde optische Abwechslung in die langen Zeilenbauten gebracht, während die einheitliche Gestaltung der Ladenzone einen sichtbaren Zusammenhang bewahrte. *Insgesamt finde ich nicht, dass wir damals besonders respektvoll waren*, sagt Thomas Knerer rückblickend. *Die Denkmalpflege würde heute wahrscheinlich strenger auf eine Bewahrung auch des äußeren Eindrucks bestehen. Und vielleicht würde sich das heute auch mehr mit unserer eigenen Position decken.* Damals aber waren es für alle Beteiligten die ersten experimentellen Schritte im Umgang mit DDR-Plattenbauten, die in jener Zeit an vielen anderen Stellen in Ostdeutschland mit seltsamen Farben versteckt, verniedlicht oder schlicht abgerissen wurden.

Nach dem ersten Bauabschnitt Hauptstraße 10–34 gewannen Knerer und Lang immer wieder folgende, kleinere Wettbewerbsverfahren, die die WOBA für die weiteren Abschnitte ausschrieb. Daraus resultierte für Knerer und Lang schließlich in fünf Bauabschnitten eine knapp zwanzigjährige (!) Beschäftigung mit der Hauptstraße. Sie haben sich buchstäblich von Norden nach Süden durch die Zeilenbauten gearbeitet, von der Nummer 34 bis zu den Nummern 1 und 2, das sind die beiden prominenten Eckgebäude am Neustädter Markt. Hier zeigte sich einer der großen Mängel des Plattenbausystems: Es kannte keine Ecklösungen. So

↘ Zwanzig Jahre Hauptstraße

formten die Wohnzeilen mit den seitlich anschließenden Plattenbauten zum Platz mit dem Goldenen Reiter eine doppelte stumpfe Ecke. Wie konnte man damit umgehen, wenn die Gebäude möglichst kostengünstig zu erhalten waren? Im Westen entschieden sich Knerer und Lang für einen simplen architektonischen Trick: Die neue, silbergraue Metallfassade läuft an beiden Eckgebäuden geradeaus über die Fehlstelle hinweg, so bilden die Fassaden einen begradigten Abschluss, in dem die Ecke klarer hervortritt und die Marktkulisse deutlich ruhiger wird. Dazu trägt auch die einheitliche Gestaltung der Eckgebäude bei, deren dicke Fensterrahmen auf den glatten, grausilbrigen Metallfassaden eine der großen Qualitäten des Bestands hervorheben: die breiten Loggien vor jeder Wohnung.

Sichtbar zu machen, dass diese Plattenbauten auch heute noch einen Wert haben, ist ein Ansatz in der Architektur von Knerer und Lang. Am gegenüberliegenden Eckgebäude wird das überdeutlich. Hier ließen sie eine neue Fassade aus eloxierten Aluminiumpaneelen anbringen, die golden schimmert, und nannten das die *Goldecke*. Um möglichst viele Wohnungen am spektakulären Ausblick Richtung Altstadt teilhaben zu lassen, wurden neue Fenster in die geschlossenen Südwände des Plattenbaus geschnitten und die Wände der Eck-Loggien schräg gesetzt. Die Umbaustrategie ist es nicht, den Plattenbau original zu erhalten, sondern dessen Stärken zu stärken und die Schwächen zu beseitigen oder wenigstens zu kaschieren. Die goldene Farbe mag man ironisch lesen, aber sie verträgt sich erstens blendend mit dem Goldenen Reiter

Hauptstraße 3

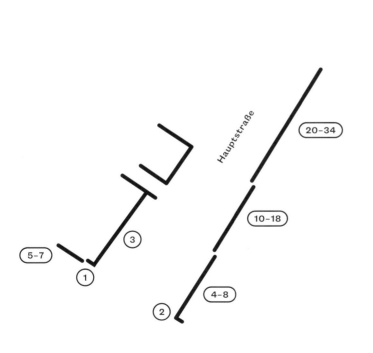

Hauptstraße 20–34

Fotos: INGA PAAS (oben)
PETRA STEINER (unten)

Nicht immer wird durch Diskussion ein besseres Ergebnis erzielt oder
... der Ton macht die Musik.
Dresden
Hauptstraße 5–7

Foto: VOLKER KREIDLER

auf dem Platz und ist zweitens ein nützlicher Hinweis auf das große Glück, dass eine solche *goldene Ecke* der Stadt mit großen, günstigen Wohnungen besetzt wurde statt mit exklusiven Neubauwohnungen, die ein Abriss und Neubau unter privatwirtschaftlichen Bedingungen hier zwingend produziert hätte. Dass sich die Stadt Dresden 2006, also kurz nach der Fertigstellung der Goldecke, entschloss, ihren gesamten kommunalen Wohnungsbestand für die Haushaltssanierung zu verkaufen – sprich: zu *vergolden* –, war übrigens nicht Teil der Entscheidung für diese Farbwahl. Wer aber will, darf die *Goldecke* im Nachhinein gerne als kritischen Kommentar zu dieser ausgesprochen kurzsichtigen Wahnsinnsidee einer neoliberalen Stadtpolitik lesen: der vergoldete Plattenbau als verkauftes Tafelsilber.

↘

Der umstrittenste Teil

Wie sehr sich die Diskussionen um das Stadtbild in Dresden verschärft hatten, erfuhren Knerer und Lang ab 2009: Für jenen Bereich, wo die Hauptstraße auf die Heinrichstraße stößt, war schon früh mit der WOBA der einzige Abriss festgelegt worden. So konnte der überbaute Durchgang zur Heinrichstraße und damit die Anbindung an das dahinterliegende Barockviertel neu geöffnet werden. An die Stelle des Plattenbauriegels traten zwei Neubauten: keine spektakuläre, aber eine eindeutig zeitgenössische Architektur. *Als bekannt wurde, dass die Plattenbauten verschwinden, kam Bewegung in die Diskussion*, erinnert sich Lang. *Die üblichen Verdächtigen forderten sofort eine Rekonstruktion der historischen Vorkriegsbebauung. Auf einmal erschienen Zeitungsartikel und Leserbriefe im Dutzend und reklamierten für sich die ‚Stimme des Volkes‘. Das war ja eine der größten Veränderungen in den Diskussionen in Dresden: Jetzt wurden die Gebäude nicht mehr hauptsächlich von denen beurteilt, die darin wohnten, sondern von jenen, die eine andere Kulisse für ihre Spaziergänge forderten.* Gleichzeitig wurde das Grundstück mehrfach weiterverkauft, jedes Mal ein wenig teurer und keiner der Bauherren interessierte sich besonders für die Architektur. *Am Ende sollten wir einen Entwurf entwickeln, der allen gefällt und bloß keinem wehtut*, sagt Knerer. *Und natürlich wurde es ein Entwurf, der dann niemandem mehr gefiel.* Für die Investoren war es trotzdem ein lohnendes Geschäft, denn große Wohnungen in dieser Lage sind leicht zu verkaufen. *Wir schämen uns ja nicht für die Gebäude*, sagt Knerer. *Aber es hätte städtebaulich eine insgesamt viel stimmigere Lösung werden können. Jetzt fehlt dem langen Riegel der Hochpunkt. Der ganze Verlauf war bei diesem Projekt einfach tragisch, weil es eine so spannende Aufgabe war und es hätte eine bessere Lösung gegeben.* Gute Architektur braucht immer Verbündete: Ohne gute Bauherren, Politiker und Handwerker vermag kein Architekt gute Häuser zu bauen.

Diese intensive Beschäftigung mit der Vergangenheit, Gegenwart und den Zukunftschancen der Plattenbauten hatte Knerer und Lang schon früh zu Experten für den Umgang mit der Nachkriegsmoderne werden lassen – so sehr, dass sie sich schon früh gegen diese Schublade wehren mussten. Es gibt in der Laufbahn eines Architekturbüros immer die Gefahr einer *Zwangsspezialisierung*, wenn man immer wieder für ähnliche Aufträge angefragt wird. Knerer und Lang haben sich erfolgreich gewehrt und früh auch andere Aufträge bekommen (wie in diesem Magazin an anderer Stelle genauer beschrieben wird). Hier aber folgen wir weiter ihren Umbauten.

Die Straße des Goldenen Reiters. Umbauten von 1993 bis 2005. Hauptstraße Dresden.

Gold und Silber lieb ich sehr. Wertvoller Wohnraum für Studenten.

DRESDEN.
HOCHSCHULSTRASSE.

Auf die Hauptstraße folgten ähnliche Aufträge in Dresden: ein Gutachten zur Prager Straße und 2005–2007 die Sanierung eines Hochhauses in Plattenbauweise an der Hochschulstraße. Das Studentenwerk besaß hier drei typgleiche Hochhäuser des in Dresden mehrfach vertretenen Typus *WHH17*, die dringend erneuert werden mussten. *Ein großer Klotz aus Beton, abweisend und schon etwas abgenutzt*, so beschreiben Knerer und Lang ihren ersten Eindruck. Auf welche Stärken konnte hier aufgebaut werden? Auch hier waren es die kurzen Wege zur Universität und zur Innenstadt sowie die günstigen, effizienten Wohnungen, die eine Abrissdebatte verhinderten. Wie sonst hätte man so viele Kleinwohnungen auf so engem Raum verwirklichen können, wenn nicht in drei Hochhäusern? Knerer und Lang wollten den Wert des Gebäudes verdeutlichen und variierten ihre an der Hauptstraße erprobten Verwandlungskünste: Die energetisch ertüchtigte Fassade bekam eine Außenhaut aus gold und silbern schimmerndem Aluminium: keine *Goldecke* diesmal, sondern ein *Studentenpalast*. Günstiges Wohnen in zentraler Lage ist für Studenten ein sehr wertvolles Gut.

 Fotos: CHRISTOPH REICHELT

Foto: CHRISTOPH REICHELT

Ein Viertelkilometer Städtebau.

DRESDEN.
PRAGER ZEILE.

Anders näherten sich Knerer
und Lang der Sanierung der
Prager Zeile. Das hatte mehre-
re Gründe. Sie hatten 2004 bereits ein städtebauliches Gutachten zur Prager Zeile
angefertigt, da beschloss Dresden den Verkauf aller städtischen Wohnungen. In den
Verträgen war die unsanierte Prager Zeile als saniertes Objekt aufgeführt, also
musste die Sanierung rasch nachgeholt werden. Im Oktober 2006
beauftragte die WOBA Knerer und Lang, im Januar 2007 musste
bereits die Umsetzung beginnen. *Das Gute an dem Tempo war,
dass es überhaupt keine grundsätzlichen Diskussionen mehr er-
laubte*, sagt Lang. Immerhin fand fast zeitgleich der umstrittene
Abriss des Centrum Warenhauses und der Neubau der *Prager
Spitze* statt. Für die Prager Zeile hingegen, über deren Abriss
ebenfalls lange diskutiert worden war, bedeutete der Verkauf der
städtischen Wohnungen die Entscheidung für einen Erhalt – und
für einen nun sehr schnellen Umbau mit technischer Sanierung.
Zum Glück hatten wir uns im Rahmen des Gutachtens schon aus-

führlich mit dem Bau beschäftigt, so Lang – sonst hätte das Tempo sie überrollt. Im Sommer 2008 war das Projekt bereits fertig. 600 Wohnungen in 18 Monaten, so schnell war selbst die Wohnungsbauindustrie in der DDR nicht gewesen. Radikale Behutsamkeit bedeutet, sich in Ideen und Strukturen des Originals einzudenken, um es von innen heraus mit zeitgemäßen Mitteln zu stärken. Im besten Fall treten die ursprünglichen Ideen dann stärker hervor, als es zur Bauzeit des Originals möglich war. Für den Umbau-Architekten bedeutet dies, sich mit jedem Projekt auf etwas Neues einzulassen und entsprechende individuelle Ansätze, Strategien und Mittel zu finden.

Knerer und Lang nennen das eine *Interpretation* des Originals: Anders als an der Hauptstraße, wo sie sich für die optische Differenzierung der Bauabschnitte entschieden hatten, betonten Knerer und Lang bei der 240 Meter langen Prager Zeile deren enorme Größe. Wie ein enormes Kreuzfahrtschiff steht diese Wohnwand mitten in der Stadt. Ein unglückliches Farbkonzept aus den 1990er-Jahren hatte versucht, den Koloss optisch in verschiedene Abschnitte zu trennen. Stattdessen wurde nun die gesamte Fassade als selbstbewusstes, durchgängiges Band gestaltet, die hellen Platten der Aluminiumbrüstungen wirken wie geflochtene Bänder. Unterbrochen werden diese horizontalen Linien unregelmäßig von den 24 zweigeschossigen Öffnungen, den *Stadtloggien*, die auf beiden Seiten des Gebäudes eingefügt wurden. Sie sind eigentlich pragmatische, funktionale Elemente, sie lassen Licht in die innenliegenden Flure und dienen dem Brandschutz. In den Seitenfassaden aber werden sie zu ästhetischen Einfügungen, die so überzeugend wirken, als wären sie auch vor der Sanierung schon Teil des Gebäudes gewesen. Zusammen mit der neuen Verkleidung der Techniketage und der Neugestaltung der Pilotis wird der Großform eine bestimmte Eleganz verliehen, die die ursprüngliche Entwurfsidee stärkt.

Interessanterweise verweist Eva Lang in Bezug auf das Arbeiten mit Bestehendem auf den Einfluss von Hans Döllgast, dessen Arbeiten sie während des Studiums in München durch Lehrer wie Winfried Nerdinger oder Friedrich Kurrent kennen gelernt hatte. *Er (Döllgast) hat von Gebäude zu Gebäude mit der gleichen Haltung immer individuelle Lösungen gesucht, er war nicht doktrinär*, sagt Lang. Das habe sie und Knerer bei der Formulierung einer eigenen Position beeinflusst. *Schließlich hat man mit der Alten Pinakothek direkt neben der TU in München diese Haltung immer vor Augen.* Hans Döllgast zählt zu den wenigen Architekten in Deutschland, die in den Wiederaufbaujahren eine Haltung vertraten, die Altes und Neues gleichberechtigt nebeneinanderstehen lassen konnte; das Alte musste nicht erst gründlich zerschlagen werden, damit auf den Trümmern ein

↘

Historische Erfahrungen

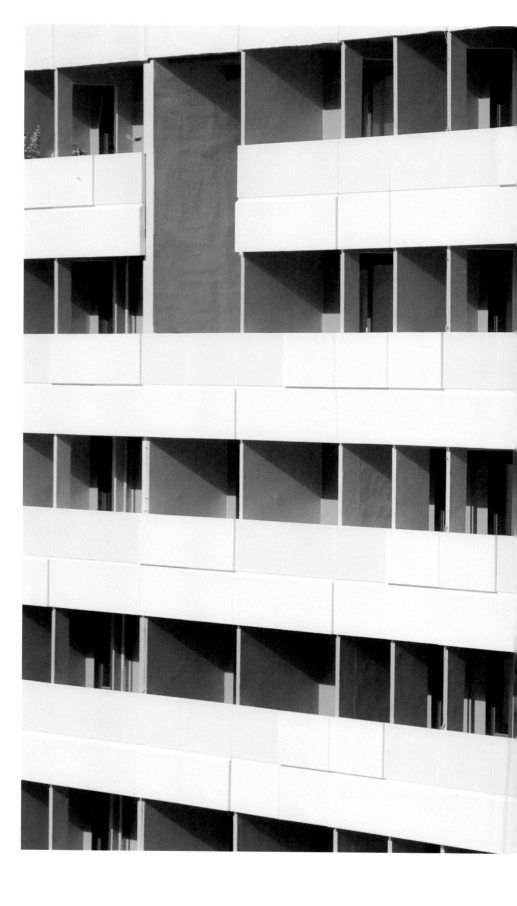

Alte Pinakothek

Bonner Godesburg

Neubau entsteht. Diese Haltung rührte wohl auch daher, dass Döllgast vor allem Kirchen gebaut hatte – eine Tätigkeit, bei der Um-, An-, Weiter- und Neubauen seit vielen hundert Jahren selbstverständlich zusammengebracht wird. Seine Wiederaufbauten der Münchner Residenz und der Alten Pinakothek ab 1946 sind herausragende Beispiele für eine besondere Art des Umbaus, bei denen aus dem gelungenen Nebeneinander von originalen, erneuerten und neuen Teilen eine räumliche reiche Komplexität entsteht. So beispielhaft diese Gebäude waren, so unbekannt blieben sie in den folgenden Jahrzehnten. Sie bildeten einen kleinen Sonderweg der Nachkriegsmoderne, allzu selten folgten andere Architekten dieser Idee wie etwa Gottfried Böhm mit seinem respektvoll-radikalen Umbau der Bonner Godesburg – wobei Böhm allerdings Alt und Neu deutlich stärker voneinander trennte. Und jenseits des Arbeitens im denkmalgeschützten Bereich blieb das Ineinanderfließen von alten und neuen Teilen in Nachwirkung der Charta von Athen noch für viele Jahre weitgehend verpönt; nicht nur unter Architekten übrigens, sondern ebenso im Denken von Behörden, Politikern, Bürgern und Bauherren.

Fotos: ROLAND UNTERBUSCH
ARTUR PFAU

Der Architekturhistoriker Christoph Grafe fasste das jüngst treffend zusammen: *Nach 1945 fanden Architekten in den kriegszerstörten Städten Europas eine Situation vor, in welcher der Bruch, den die Charta von Athen nur imaginiert hatte, zumindest in den Stadtzentren Wirklichkeit geworden war. Im Zug der revisionistischen Geschichtsschreibung wurde vor allem in Deutschland an vielen Orten mehr als nur ein bisschen nachgeholfen, indem Gebäude, die sich durchaus noch hätten reparieren lassen, modernen Stadtvisionen auch in Friedenszeiten zum Opfer fielen. Die Rekonstruktion von Erinnerungsinseln war vielleicht noch zulässig, eine Reparatur außerhalb der Denkmalschutzensembles konnte jedoch höchstens eine Notlösung sein, ein Kompromiss – dies ein Begriff, der im Denken der Nachkriegsarchitektur immer und ausschließlich negative Konnotationen hat. Diese Abneigung gegen die Ambivalenzen, die eine Reparatur des Bestandes mit sich bringt, ist dabei übrigens keineswegs eine exklusive Eigenschaft der modernen Geschichtsverächter. Auch dort, wo auf die Wiederherstellung der historischen Stadt gesetzt wurde – wie zum Beispiel bei der Rekonstruktion des Prinzipalmarkts in Münster –, wurden die Spuren von Jahrhunderten der Anpassung und Überformung genauso eliminiert wie jene der Kriegszerstörung. Auch die traditionalistische Stadt ist eben eine Stadt der Moderne, aus einem Guss gedacht und geschaffen.* Christoph Grafe: „Die Gegenwart des Vergangenen – ästhetische und andere Strategien des Umbaus", in: „Umbaukultur", Seite 15 In dieser Lesart verschmelzen die beiden Kräfte, die sich selbst zum Beispiel auch in den Dresdner Diskussionen als so gegensätzlich verstehen – die moderne Stadt vs. die traditionalistisch nachgebaute –, zu zwei Seiten der grundsätzlich selben Münze. Für ihre Umsetzung brauchen beide eine *Tabula rasa*, einen reinen Tisch, auf dem sie ihre großformatigen, stets etwas steifen Stadtbilder entstehen lassen können. Doch hat sich diese Erzählung vom *reinen Tisch* im Verlauf des 20. Jahrhunderts als urbanistisches Märchen erwiesen. Es gibt ihn nicht. Es handelt sich tatsächlich um einen bereinigten Tisch, für seine Umsetzung braucht es ein erhebliches Maß an ignoranter Gewalt gegenüber der tatsächlich vorhandenen Stadt. Und meist ist es auch noch ein schlechter Tausch: Denn gerade die Vielschichtigkeit und Widersprüchlichkeit einer gewachsenen Stadt ergeben ihre Lebendigkeit.

Mit der krumm gewachsenen Stadt taten sich die verschiedenen Spielarten der Moderne immer schwer, die zweite Hälfte des 20. Jahrhunderts ist voller Beispiele dafür. In Deutschland konnte ein Umdenken langsam erkannt werden in den stärker werdenden Diskussionen über den Erhalt der innerstädtischen Altbauten in den 1970er-Jahren, bei der IBA1984 in Westberlin und der IBA Emscher Park 1989–99. Die Wiedervereinigung aber überrollte diese Debatten. In den 1990er-Jahren bestimmte die Bauwirtschaft die Praxis weitgehend alleine, und ihr Interesse war Abriss und Neubau. Das ging schneller und war für viele Beteiligte profitabler

↘

Die Anfänge der radikalen Behutsamkeit

als langes Nachdenken über den Bestand, um dann mit vorsichtiger Strategie individuell zu bauen. Dennoch wurden in den 1990er-Jahren, während Knerer und Lang sich mit den Plattenbauten an der Hauptstraße beschäftigten, Entscheidungen getroffen für einige beeindruckende Bauten im Bestand, die zur Jahrtausendwende fertig wurden und mit denen ein Umdenken in diese Richtung sichtbar wurde: In London verwandelten Herzog & de Meuron ein Großkraftwerk an der Themse von 1995 bis 2000 in die Tate Gallery of Modern Art, viele Räume und Zusammenhänge der ursprünglichen

Tate Gallery of Modern Art

Architektur erschlossen sie mit minimalen Eingriffen für die neue Nutzung. In Paris eröffnete 2001 das Palais de Tokyo – ebenfalls ein Museum für zeitgenössische Kunst –, Lacaton & Vassal hatten den Altbau mit minimalem Budget auf seine Rohbaustrukturen zurückgeführt und demonstrierten mit offen verlegter, neuer Technik sowohl die Schönheit und Nutzbarkeit des Unfertigen als auch den Kraftakt, den es bedeutete, einen historischen Altbau auf den neuesten technischen Stand zu bringen. Und in Berlin zeigte David Chipperfield mit dem vielschichtigen Wiederaufbau der Ruine des Neuen Museums, wie viel Kraft und Poesie aus einem gleichberechtigten Nebeneinander von Alt und Neu entstehen kann, das keine trennenden Glasfugen mehr braucht.

Natürlich sind weder die Tate Modern noch die Alte Pinakothek in München oder das Neue Museum mit einem WBS-70-Plattenbau zu vergleichen. Es ist ein grundsätzliches Denken, das diese Projekte verbindet: die individuelle Untersuchung eines bestehenden Gebäudes auf diejenigen Teile oder Ideen, die weiterentwickelt und weiterverwendet werden können. Das ist die Behutsamkeit. Die Radikalität darin ist die Möglichkeit, zu neuen Ideen zu finden, die Umbauten, Rückbauten oder Teilabrisse sinnvoll machen, um Alt und Neu zu einer neuen Einheit, zu einer neuen Systematik zu führen, auf der Höhe der jetzigen Zeit. Vielleicht gibt es ursprüngliche Ideen, die heute viel besser, effektiver oder eindrucksvoller umgesetzt werden können? Diese Herangehensweise lässt sich als *radikale Behutsamkeit* beschreiben, die mittlerweile auch bei Denkmalschützern auf immer offenere Ohren trifft. Denn viele historische Gebäude bedürfen einer radikalen Erneuerung, wenn sie sinnvoll weitergenutzt oder mit neuer Funktion wiederbelebt werden sollen. Warum sollten wir Denkmälern und Nicht-Denkmälern bei solchen Überlegungen nicht grundsätzlich denselben liebevollen Respekt entgegenbringen?

Was hätte wohl Hans Döllgast mit einem DDR-Plattenbau anzufangen gewusst? Die Antwort kann nur fröhliche Spekulation bleiben. Aber seine Ideen, die Teil der großen Umbaugeschichte der Architektur sind, sind grundsätzlich auch auf Gebäude jenseits aller Denkmalkategorien anwendbar – das sehen wir in den Arbeiten vieler Architekten der aktuellen Generation. So begannen Lacaton & Vassal in den 2000er-Jahren, sich mit den Großsiedlungen des sozialen Wohnungsbaus in Frankreich zu beschäftigen. Auch sie schrieben Studien und Gutachten, bevor

Neues Museum

Palais de Tokyo

ihnen die Politik ein Pilotprojekt genehmigte, den Umbau des Tour Bois le Prêtre in Paris, der 2011 fertig wurde. Auch dieses Hochhaus hätte sich als *großer Klotz aus Beton, abweisend und schon etwas abgenutzt* gut beschreiben lassen. Die Umbaustrategie ähnelte der von Knerer und Lang an der Hauptstraße: eine geringfügige Neuordnung der Grundrisse, eine verbesserte Fassade und davor ein günstiges Stahlregal mit Wintergärten oder Loggien. In mehreren Projekten haben die Architekten nun nachgewiesen, dass dieses Umbau-Konzept ökonomisch und ökologisch sinnvoller sowie sozial verträglicher ist als die Praxis von Abriss und Neubau. Durch diese und andere Projekte hat in Frankreich ein Umdenken über den Wert der Nachkriegsmoderne eingesetzt, das in Deutschland in dieser Größenordnung und Qualität noch fehlt.

↘

Go West: München

Während sich in der internationalen Architektur die Wiederentdeckung des Umbaus fortsetzte begann bei Knerer und Lang eine neue Arbeitsphase. Hatte das Büro bis dahin vor allem regional in Dresden, Chemnitz, Leipzig und Umgebung gearbeitet, kamen ab 2010 Aufträge in München, Hamburg und Augsburg hinzu. In Bezug auf die Umbauprojekte könnte man von einer deutsch-deutschen Transfergeschichte sprechen: Erst brachten Knerer und Lang ihre Studienerfahrungen nach Osten, wo sie die eigene Position im Alltagsgeschäft schärften, bevor sie ihre Erfahrungen dann mitbrachten in die Umbauprojekte im Westen.

Fotos: JOERG VON BRUCHHAUSEN
PHILIPPE RUAULT

Dabeisein ist alles …
studentisches Wohnen
im olympischen Gedanken.

MÜNCHEN.
STUDENTENHOCHHAUS.

Fotos: JENS WEBER

Das Olympische Frauendorf zeigt gegensätzliche städtebauliche Positionen.
Eine Hälfte der Athletinnen erhält je ein eigenes Haus, die andere Hälfte teilt sich ein einziges.

Gleiche Voraussetzungen für alle.

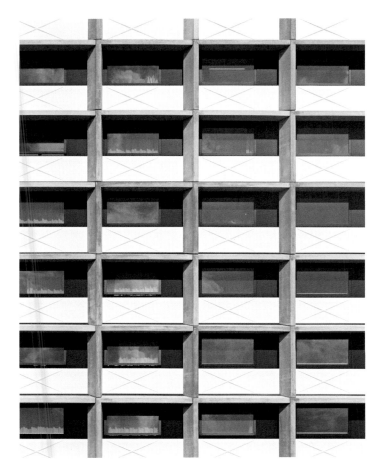

Die gesellschaftliche Utopie der Chancengleichheit bildet sich in der Struktur der Fassade ab. Alle 801 Einheiten haben das gleiche Fenster und den gleichen Aufbau mit Leichtbetonwinkel und Profilblechbrüstung.

Historische Bilder: KNERER UND LANG
ARCHITEKTEN

Unter dem Hochhaus war noch Platz ... für einen Partykeller im Freien.

Abode —
Architectural Portraits

KNERER UND LANG

Portraits
from

Orla
Connolly

Abode—

Architectural
Portraits

„Our soul is an abode. And by remembering ‚houses' and ‚rooms',
we earn to ‚abide' within ourselves."
The Poetics of Space, Gaston Bachelard

Die meisten Menschen, die Architektur nutzen, haben selbst keinen Einfluss darauf, wie Architektur entsteht. Gebäude und Räumlichkeiten werden fertig angeboten und man muss damit umgehen, wie sie sind – was wir auch tun – schließlich sind wir anpassungsfähige Lebewesen. →

Den Nutzern sind die bewussten Entscheidungen der Architekten, die einen Raum definieren, oft egal – es geht für sie eher darum, ob es schön ist und ob sie sich darin wohlfühlen oder nicht oder – ob sie sich die Bleibe überhaupt leisten können.

Die „architectural portraits" sind Studien darüber, wie Räume die Nutzer beeinflussen und wie der Nutzer den Raum beeinflusst. In dem Olympia Hochhaus gibt es 800 Apartments – alle mit dem gleichen Grundriss. Die Bewohner nehmen den Raum in

Besitz. Er bildet den Rahmen, den sie mit ihrem Leben füllen. Die Präsenz der Personen und deren individueller Charakter beeinflussen die „Gebäudepersönlichkeiten".

Manche hatten den Raum sogar nur zur Untermiete – das haben sie mir erst lange, nachdem ich sie portraitiert hatte, gesagt, weil es eigentlich nicht erlaubt ist. Sie hatten mit Gegenständen und Bildern auf der Wand gelebt, die nichts mit ihrer persönlichen Geschichte zu tun hatten, aber ihrem aktuellen Zwischenmoment entsprochen hatten.

Die Originalbilder sind 110 x 146 cm groß und man kann jedes Detail erkennen – auch was auf Zetteln, die auf der Wand kleben, geschrieben steht. Durch Gespräche und E-Mail-Korrespondenz habe →

ich Diskussionen über die Architektur mit den Studenten angefangen – das Thema hat die meisten nicht wirklich interessiert. Sie wollten über das Leben reden. Ich habe „random thoughts" aus dieser Kommunikation gesammelt und als „stream of consciousness" zusammengestellt. Sie sind Gedanken in Architektur – nicht über Architektur. Gedanken, die zu einem Gedanken in einem Gebäude geworden sind.

„A house that has been experienced is not an inert box. Inhabited space transcends geometrical space."
The Poetics of Space, Gaston Bachelard

Orla Connolly

Gedanken in Architektur

Orla Connolly

…also füge ich mich und sperre meine Seele in den Kaninchenstall. Den Schreibtisch benutze ich kaum, da das Bett bequemer ist und mehr Platz bietet. Mich interessiert vor allem psychologisches Sprechtheater, ich will aber viel rumexperimentieren :) Wenn der Bräunungseffekt der Sonne nachlässt, gönnt man sich noch einen Kaffee. Seit Kurzem bin ich verheiratet. Das ist nicht der Junge auf dem Foto, der war immer nur mein Tennispartner. Linda hätte gerne etwas mit Sprachen gemacht und ich mit Philosophie. Konkret heißt das, oftmals eine BWL-typische Kosten-Nutzen-Analyse durchzuführen und dabei zu versuchen, möglichst viele Faktoren miteinzubeziehen. Mein Zimmer im Olydorf war im ersten Augenblick ein Abbild dessen, was mich in meinem Leben am meisten schreckt: Unfreiheit. Tod. Grau. Im Moment finden wir beide Psychiatrie ganz spannend, weil man hier den ganzen Menschen betrachtet und nicht nur die Krankheit. Meine Zukunft sehe ich eindeutig in Kunst! Letztlich benutze ich es zum Schlafen und ein bisschen arbeiten. Du kannst frei sein, auch wenn deine Hände in Handschellen liegen. Mein Zimmer habe ich mir gemütlich eingerichtet, mit ganz vielen Farben und Bildern, als Kontrast zur großen und anonymen Fassade des Hochhauses. Ich komme aus der Ukraine, ich spreche nur französisch. Anfangs wollte ich das nicht sagen, weil ich nicht wusste, was die Leute über die Ukraine denken. Ich liebe mein Apartment. Ich brauche es, ich liebe die Farben dort, ich liebe den Ausblick in den Himmel, wenn ich aufwache, die Ruhe, meine Musik, meine Bücher, meinen kleinen Kühlschrank. Ich interpretiere das Ganze aber etwas anders, indem ich versuche, sehr viel Zeit auch auf das Führen eines langfristig glücklichen Lebens zu verwenden. In allem anderen war ich ehrlich. Ein wenig lesen – sei es die Zeitverschwendung an den Fantasy-Roman oder der lebensverändernde Guide wahlweise zum Reichtum, dem Glück oder dem Traumkörper – und dabei noch die Augen offen halten, ob die Traumfrau nicht noch irgendwo vorbeiläuft. Ich muss in diesem verdammten Hochhaus bleiben, bin an den Wochenenden in der Natur und habe einen Freund mit Bauernhof, bei dem ich schlafe, wenn mir hier die Decke auf den Kopf fällt. Jeder Psychologe hätte seinen Spaß an meinem Ehrgeiz in allen Lebensbereichen und würde mir wohl ein zwanghaftes Verlangen danach, Sport zu treiben, unterstellen. Zusammengepfercht, ein Apartment über dem andern, Psychiatrie, Monotonie, das Verwesen der Seele in einer seelenlosen Gesellschaft, Industrie, Hochhaus, 40 WLAN-Netzwerke auf ein paar Quadratmetern – schon mal was von Hundertwasser gehört??? Das Zimmer hat mein Leben geändert. Der Stuhl wird letztendlich nur für die Trance benutzt ...

Da kam zunächst der Auftrag für die Sanierung des gewaltigen Studentenwohnheims in München, das 1971 nach Entwürfen von Günther Eckert errichtet worden war. Das 15- bis 19-geschossige Wohnhochhaus bot 801 Kleinstwohnungen, die erst von den Sportlerinnen der Olympischen Spiele 1972 und seitdem von Münchner Studenten benutzt worden waren. Im VOF-Verfahren konnten Knerer und Lang mit der Sanierung der Prager Zeile eine Referenz vorlegen, die von anderen Bewerbern nicht zu überbieten war. Dabei verbindet die beiden Gebäude jenseits ihrer Großform und Bauzeit wenig. Wieder galt es, einen individuellen Zugang und eine neue Strategie zu finden: Der imposante Ausdruck von Eckerts Gebäude setzte sich aus der Stapelung der einzelnen Zellen zusammen, die in der plastischen Sichtbetonfassade sichtbar war. Bei der Beschäftigung mit dem Entwurf stießen Knerer und Lang auf Eckerts *Bausatzverfahren*: *Eckert arbeitete an einer Megastruktur im Geiste von Constant oder Yona Friedman*, sagt Knerer. *So groß das Gebäude auch ist, es ist eigentlich nur ein kleiner Ausschnitt aus Eckerts Vision, die sich ins Unendliche hätte fortführen lassen.* In diesem Geiste wollten sie den Altbau neu denken, der allerdings erheblich konstruktive und räumliche Mängel aufwies – worin er den Plattenbauten in Ostdeutschland vielleicht am ähnlichsten war.

München
Olympiadorf

Die Apartments waren mit 15 Quadratmetern nach heutigen Maßstäben zu klein, der im Inneren verwendete Kunststoff war leicht brennbar, die außen liegende Tragstruktur bildete erhebliche Wärmebrücken. Knerer und Lang entwickelten eine Idee, die den Umbauten in der Hauptstraße und der Prager Zeile grundsätzlich verwandt ist, in München aber radikaler gedacht werden musste. Sie bauten eine komplette neue Hülle, die vor die Loggien gesetzt wurde. Darin entwickelten sie eine Neuinterpretation von Eckerts ursprünglichem Bau. Die Loggien wurden zusätzliche Wohnfläche, das Innere komplett entkernt und im alten Achsraster mit neuen, ebenfalls vorfabrizierten Elementen gefüllt. Die neue Fassade wiederholt die wesentlichen Elemente des Bestands: gestapelte Sichtbetonelemente (diesmal aus Leichtbeton), weiße Brüstungen und zurückgesetzte, dunkle Fensterelemente, die den Fassadenaufbau tiefer erscheinen lassen, als er tatsächlich ist. *Obwohl heute nichts mehr vom ursprünglichen Bestand zu sehen ist, wirkt das Gebäude eher verjüngt als verändert*, schrieb Franziska Eidner dazu. *Die Architekten haben die vormalige Gestaltung nicht kopiert oder rekonstruiert, sondern mit großer Sorgfalt bis ins Detail eine neue Gestaltung aus der Systematik des ursprünglichen Entwurfs entwickelt.* Reduce, Reuse, Recycle 2012, Projekttext Lang selbst sagte zu dem Entwurf: *Unser Entwurf stellt eine eigenständige Lösung dar, es ist keine Wiederherstellung des originalen Zustands. Das wäre technisch gar nicht möglich gewesen. Wir sehen die Arbeit eher musikalisch: als Variation und Neuinterpretation eines Themas mit ähnlichen Instrumenten. Als geborene Münchner haben wir das Haus immer schon gemocht und bewundert. Darum kam eine zu starke Veränderung der Struktur für uns absolut nicht infrage.* Reduce, Reuse, Recycle 2012, Interview

Die undefinierte
Kontur des
Hochhauses erinnert
an gestapelte
Container.
Ist dies der
gebaute
Ausschnitt
eines größeren
Wohnkontinuums?

Neues im Hafenviertel

HAMBURG.
WELTQUARTIER.

Fotos: VOLKER KREIDLER

In Hamburg hingegen hatten es Knerer und Lang mit einem ganz anderen Gesicht der Nachkriegs-moderne zu tun: einem aus Backstein. Das *Weltquartier* auf den Elbinseln war immer ein einfaches Arbeiterquartier. Im Kern stammt es aus den 1920er- und 1930er-Jahren, wurde aber in den 1950ern erweitert und ergänzt. Die IBA in Hamburg machte die Erneuerung des heruntergekommenen Pro-blemviertels zu einem ihrer Themen Claas Gefroi, Deutsches Architektenblatt 2014, Knerer und Lang beteiligten sich mit dem Umbau eines Wohngebäudes aus den 1950ern an der Weimarer Straße. In Maßstab und Kon-text ist dieser Umbau mit denen in Dresden oder München nicht zu vergleichen. Jedoch tauchen er-neut ähnliche Motive auf: Die Wohnungen wurden neu zu sieben Typen zwischen 2,5 bis 4 Zimmern kombiniert, die Fassaden gedämmt und davor kam ein schlichtes, kostengünstiges Gerüst aus Stahl-beton, sodass nun jede Wohnung über eine breite Loggia nach Süden verfügt. Als Folgeaufträge ent-warfen Knerer und Lang auch zwei Neubauten am südlichen Rand des Weltquartiers. Sie zeigen eine Weiterentwicklung des Bauens mit dem Bestand, sie sind ein Weiterbauen auf städ-tebaulicher Ebene: Die Neubauten führen die Strukturen und die architektonischen Charakteristika des Weltquartiers auf unterschiedliche Weise fort, wobei sie nicht kopieren, sondern interpretieren und aktualisieren. Da übernimmt der viergeschos-sige Neubau an der Beringstraße zwar Form, Volumen und Klinkerfassade recht umstandslos vom 1950er-Jahre-Bestand, erlaubt sich allerdings einen gefalteten Fassadenverlauf und Balkone, die mit ihren dunkelroten Metallbrüstungen wie lan-ge Dreiecke aus dem Gebäude wachsen. Der zweite Neubau am Gert-Schwämmle-Weg setzt dieses Spiel mit den Falten als weiß verputzter Viergeschosser im Pas-sivhausstandard sowohl in seiner Fassade, seinen Balkonen als auch in seinem Dachverlauf fort. Auch wenn er nicht aus rotem Back-stein ist, ist die Verwandtschaft mit den architekto-nischen Ahnen aus den 1950er-Jahren deutlich zu erkennen. Es ist eine leise Transformation, die übri-gens auch entsprechend wenig öffentliche Beachtung und Anerkennung fand im Gegenteil zum pompösen Neubau-Teil der IBA, der HafenCity. In Sachen Auf-merksamkeit hat es das Bauen im Bestand immer noch schwer, gegen den Neubau zu bestehen.

Im Weltquartier bestimmt Mauerwerk das Bild.
Selbst das Lochblech der Balkone folgt dem Ziegelverband.

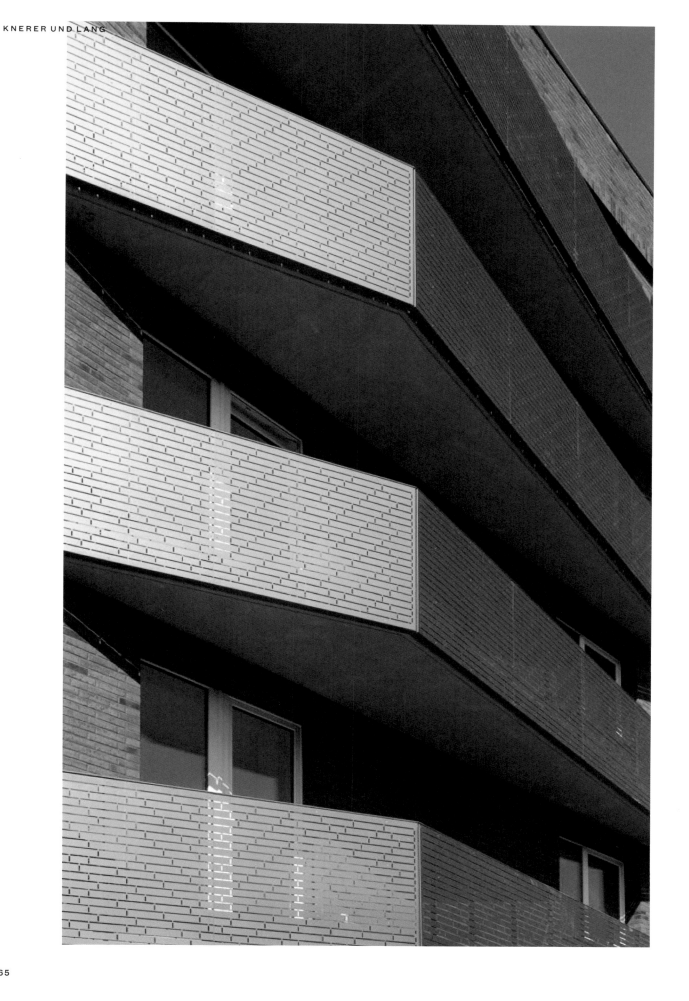

Metamorphose vom Kaufhaus zum Museum

CHEMNITZ.
KAUFHAUS SCHOCKEN.

Das Kaufhaus Schocken wurde am 15. Mai 1930 eröffnet. Nach Stuttgart und Nürnberg war es der dritte Kaufhausbau des Architekten
Erich Mendelsohn für Simon und Salman Schocken. Die Schocken KG
führte bis zur Enteignung durch die Nationalsozialisten Ende 1938 eine
der erfolgreichsten Warenhausket-
ten Deutschlands. Viel stärker in
den Bereich der Denkmalpflege
kamen Knerer und Lang mit den folgenden Projekten beim Umbau des
Kaufhauses Schocken in Chemnitz
und bei der Sanierung des Bürohochhauses *Am
Plärrer* in Nürnberg. In Chemnitz sollte Erich
Mendelsohns bekanntes Kaufhaus für das archäo-
logische Museum *smac* umgebaut werden. Knerer
und Lang arbeiteten in Arbeitsgemeinschaft mit

Auer Weber Architekten und den Ausstellungsgestaltern von Atelier Brückner. Es war ein Projekt mit insgesamt vielleicht zu vielen Beteiligten und unklaren Verantwortlichkeiten. Ulrich Brinkmann schrieb 2014 in der *Bauwelt* von einem architektonischen Massaker: *Von Respekt (vor der Architektur) aber ist im smac nichts zu spüren: Effektüberfrachtet und komplett abgekapselt vom prägenden Element der Architektur – der Fassade (...) – scheint sich die Ausstellung vom Atelier Brückner keinen Deut um das Gebäude zu scheren, in dem sie sich befindet. Das ist schade, lässt sich aber verschmerzen. Mit dem über vier Geschosse in die Konstruktion gebrochenen ‚Lichthof' aber, der den kreissegmentförmigen Grundriss unverständlich zentriert, wurde die Architektur Erich Mendelsohns massakriert.*" Bauwelt 23/2014 etc. Der Entwurf für die neuen Innenräume orientiert sich fast alleine an sich selbst und entwickelt kaum einen Zusammenhang mit der originalgetreu sanierten Fassade. Auch die nun eingefügte, raumgreifende Rampe, die einen stufenlosen Rundgang durch alle Etagen ermöglicht, lässt sich nicht aus dem Ursprungsgebäude heraus argumentieren, sondern ist alleine eine dem neuen Nutzen folgende Hinzufügung. So ist das Kaufhaus Schocken – bei aller eigenen Qualität des innenräumlichen Entwurfs – ein besonders gutes (oder eben: schlechtes) Beispiel dafür, wie eine Fassade zwar erhalten bleibt, um den äußeren Schein zu wahren, von innen aber so radikal ausgehöhlt wird, dass ihre Wirkung zur reinen Oberfläche wird.

Die Fassade allerdings wurde in ihrer ursprünglichen Eleganz wiederhergestellt, die sie im Laufe der Umbauten, die all den historischen Umbrüchen folgten – Arisierung, Zweiter Weltkrieg, Verstaatlichung in der DDR, Privatisierung nach 1990 –, lange verloren hatte. Nun konnte sie mit Unterstützung der Denkmalpflege und mit Hilfe von originalen Detailzeichnungen neu erstellt werden: Immerhin hatte Mendelsohn hier 1930 eine der allerersten hinterlüfteten Natursteinfassaden entwickelt. Sie wurde optisch originalgetreu rekonstruiert, aber technisch runderneuert. So ist sie wiedererstanden, die Dynamik der durchlaufenden, gebogenen Fensterbänder über den hellen Brüstungen, die bei der Sanierung sogar mit Natursteinplatten aus dem originalen Steinbruch bei Kehlheim neu gebaut wurden. Selbst wunderliche, wichtige Details wie die Holzrahmen der Schaufenster und Eingänge, mit denen der Bauherr Schocken damals Geld einsparte, wurden rekonstruiert. Und schließlich konnten die Architekten noch eine schmale Pufferzone hinter der Fassade durchsetzen, die als vollständig leerer Raum mit Sitznischen einen wunderbar konzentrierten Moment schafft, in dem man in Ruhe die Fassade und den Ausblick auf die Stadt genießen kann. Diese *Pufferzone* wurde zur Eröffnung bereits als zusätzlicher Ausstellungsraum genutzt. Mittlerweile ist auf allen drei Etagen eine Dauerausstellung eingerichtet worden, die das Gebäude mit den Biografien seiner Protagonisten verknüpfen: Erich Mendelsohn, dem Schocken-Konzern und dessen Mitbegründer, Salman Schocken.

Fotos: ROLAND HALBE

Die langgestreckten Treppenstufen verlangsamen den Gang durch die Geschichte, die im Museum gezeigt wird. Große Schaufenster werben für die Ausstellung im Haus; damals wie heute.

So ist das ehemalige Schocken heute beides: gutes und abschreckendes, in jedem Fall aber äußerst lehrreiches Beispiel für den Umgang mit Bestehendem. Und im Portfolio von Knerer und Lang ist das Projekt deshalb so wichtig, weil es zeigt, dass ihre radikale Behutsamkeit das ganze Spektrum abbilden kann, von der sichtbaren Neuinterpretation oder Weiterentwicklung des Originals bis zu dessen ganz stiller, fast völlig unsichtbarer Ertüchtigung – je nachdem, auf was für ein Gebäude sie treffen.

Pragmatisch
in die Zukunft

NÜRNBERG.
AM PLÄRRER.

Ähnlich wie das Kaufhaus Schocken hatte auch das Hochhaus am Plärrer über mehrere Umbauten viel von seiner ursprünglichen Eleganz verloren. Der Architekt Wilhelm Schlegtendal hatte schon ab 1939 im Auftrag von Albert Speer an Plänen zum Um- und Wiederaufbau Nürnbergs nach dem Krieg gearbeitet. Tatsächlich wurden Teile dieser Pläne nach Kriegsende – manches nahezu unverändert – in die Tat umgesetzt. Siehe z. B. Werner Durth, deutsche Architekten. Biografische Verflechtungen 1900–1970 Dazu zählten auch die Planungen rund um den neuen Verkehrsknoten, den Plärrer, inklusive des 56 Meter hohen Büroturms. Beim Entwurf für das *Plärrerhochhaus* kombinierte Schlegtendal die sachliche Rasterarchitektur der klassischen Moderne mit handwerklichen Details und geschwungenen Formen bei den Treppen und Innenwänden – eine Kombination, die für die ersten Jahre des Wiederaufbaus und insbesondere in Bayern weit verbreitet war. Als Denkmal ist das Hochhaus unbestritten und wurde bereits 1988 unter Schutz gestellt: Es gilt als eines der wichtigsten Bauwerke der 1950er-Jahre in Bayern und als Symbol des Wiederaufbaus in Nürnberg. Die Strategie von Knerer und Lang zielte vor allem auf eine detailgetreue Wiederherstellung einiger prägender Elemente, die verloren gegangen waren – so konnten an anderen Stellen Kompromisse mit den aktuellen Anforderungen eingegangen werden, insbesondere bei der Gestaltung der neuen, offenen Büroetagen. Auch die einst offen durchs Haus führende Haupttreppe musste aus Brandschutzgründen umbaut werden, durch gläserne Trennwände bleibt der frühere Raumeindruck aber nachvollziehbar – der *Plärrer* war auch früher schon eine Mischung aus Einzel- und Großraumbüros. Am wichtigsten war es jedoch – wie in Chemnitz –, den ursprünglichen Eindruck der Fassade wiederherzustellen. Das Hochhaus hatte gerade durch die klar gegliederte, große Offenheit seiner Hülle und die Bewegung der 765 horizontal auskippenden Schwingflügelfenster begeistern können. Nach der Betonsanierung war von diesem Charme weder außen noch innen viel übrig geblieben. Es fehlten sowohl die Terrazobrüstungen mit dem differenzierten Bild ihrer verschiedenen Natursteinarten als auch die Schwingflügelfenster. Zum Glück entschied man sich in Nürnberg gegen einen Abriss und für eine Sanierung, die das Hochhaus im Wärme- und Brandschutz auf den aktuellen Stand bringen und gleichzeitig die verlorenen, jedoch prägenden Elemente wiederherstellen sollte. *Es war uns eine große Freude*, sagt Thomas Knerer, *den Plärrer aus seinem Dornröschenschlaf zurückzuholen.* Neben dem ursprünglichen Gesamtbild sind neben den dezenten Farben der Terrazzobrüstungen auch die weitgehend stützenfreien Innenräume heute wieder erlebbar. Für die Wiederherstellung aller Schwingflügelfenster in den filigranen Dimensionen der 1950er-Jahre mussten sie mit innenliegendem Sonnenschutz *neu erfunden* werden, um den Anforderungen unserer Zeit zu entsprechen.

Im „Lichtwerk"
wurden in der
          Nachkriegsära
          den Stromkunden
          Elektrogeräte
          vorgestellt,
um den Stromver-
brauch anzukurbeln.

In den ersten Jahren besuchten viele Nürnberger das Hochhaus, auch um einen Blick von der Dachterrasse zu werfen. Im Sommer 1960 empfing hier der damalige Bürgermeister Urschlechter das Thailändische Königspaar Bhumibol Adulyadej und Sirikit in Begleitung des damaligen Bundespräsidenten Heinrich Lübke, um sich gemeinsam ein Bild von dem Wiederaufbau der Nürnberger Innenstadt zu machen.

Der Blick nach oben
offenbart die Farben
des Regenbogens.
  Befunde am Bau
    wurden durch Farben
    aus Le Corbusiers
      Polychromie Architecturale
zu einem neuen
Farbkonzept ergänzt.

Knerer und Lang gehören zu einer Generation von Architekten, die beim Bauen im Bestand erstaunlich still und fast unsichtbar arbeiten können, ohne daran zu leiden. Wenn sie über ihre Umbauten erzählen, dann begeistern und verlieren sie sich in den Erklärungen des ursprünglichen Konzepts. Es erfüllt sie offensichtlich, diesen Konzepten neues Leben einzuhauchen. Die oft radikale bautechnische Erneuerung der Gebäude bleibt dann nach außen unsichtbar – und wo sie das tut wie bei der *Goldecke* und dem *Studentenpalast*, auch beim Backsteinriegel in Hamburg, tut es den Gebäuden und der Wohnqualität in ihnen ausgesprochen gut. Bei der Prager Zeile oder dem Studentenhochhaus in München ist es auch für Experten schwierig, die neuen Elemente wie die Stadtloggien oder die komplett neue Fassade als solche zu erkennen. *Wir untersuchen die Stärken (eines Gebäudes) und versuchen, diese mit den Mitteln unserer Zeit herauszuarbeiten*, sagt Lang. *Dabei entstehen Zeitschichten, die weder die Geschichte noch das Heute verleugnen sollen. Wir denken, das ist ein nachhaltiger Ansatz.* Reduce, Reuse, Recycle 2012, Interview

Wir bauen weiter

BAYREUTH.
STADTHALLE.

Das Gute an Texten über noch lebende Architekten ist, dass es am Ende kein Fazit braucht, sondern einen Ausblick. So ist das voraussichtlich wohl vielschichtigste und komplexeste Umbauprojekt von Knerer und Lang im Entstehen, während

↘
Ausblick: Bayreuth

dieser Text geschrieben wird. Denn bei allen ihren bisherigen Umbauprojekten hatten es Knerer und Lang bislang mit so jungen Gebäuden zu tun, dass es vor allem um den Umgang mit einer einzelnen Zeitschicht ging. Die fast 300 Jahre alte Stadthalle in Bayreuth ist da ein anderes Kaliber. Seit ihrem Bau im Jahr 1748 als Reithalle ist das Gebäude so oft umgebaut, ergänzt, erneuert oder erweitert worden, dass es sich heute als schwer trennbare Einheit unterschiedlichster Baustile und -epochen zeigt. Nun wird sie erneut erweitert, erneuert und in Teilen umgebaut, den Wettbewerb gewannen Knerer und Lang 2014. Ihr zentrales Element wird ein neuer *Wandelgang* sein, eine ausgesprochen zurückhaltende Zufügung, die aber das Große und das Kleine Haus zu einem neuen Ganzen verbindet, die verworrenen inneren Verbindungen neu ordnet und den Komplex neu zur Stadt öffnet. Das Bestehende wird funktional in vier verschiedenen Bereichen organisiert, die in unterschiedlichen Kombinationen oder unabhängig nutzbar sind. Der Wandelgang überformt oder versteckt die verschiedenen Zeitschichten nicht, sondern lässt sie sicht- und lesbar. *Unser Ansatz*, sagt Eva Lang, *ist eine behutsame Arrondierung und Optimierung der Struktur im Bestand. Es gilt, das richtige Maß zwischen Erhalt und Neubau, zwischen Respekt und selbstbewusstem Eingriff zu finden.* Interview mit german architects 2014 Das ist, in Kürze gesagt, auch der ganz grundsätzliche Ansatz bei allen bisherigen Umbauprojekten von Knerer und Lang und daher auch das beste Schlusswort für diesen Text.

ZURÜCK IN FRANKFURTS ZUKUNFT

02

Texte: Philipp Sturm
Peter Cachola Schmal

BRAUBACH-STRASSE 31 UND 33

ZUM GLAUBURGER HOF

Text: Philipp Sturm

An der Stelle, wo die Braubachstraße den mittelalterlichen Nürnberger Hof durchschnitt, ließ die Stadt 1913/14 von Hermann Senf und Clemens Musch zwei repräsentative Häuser errichten. Der westliche Bau mit der Hausnummer 33 integrierte das spätgotische Torgewölbe von Madern Gerthener (1410), während sich im östlichen das gemeinsame Treppenhaus beider Häuser befand. Beherrschendes Element des westlichen Gebäudes ist der über zwei Stockwerke laufende Karyatidenbalkon, das östliche Haus Braubachstraße 31 besaß über die ganze Breite einen ornamentalen Schaugiebel. 1970 musste Letzteres dem Technischen Rathaus weichen, in das ein neues Treppenhaus für das verbliebene westliche Gebäude integriert wurde. Dieses Treppenhaus blieb auch nach dem Abbruch des Verwaltungsbaus bestehen und wurde von Knerer und Lang in ihren Neubau zum Glauburger Hof integriert. Entworfen wurde der neue Glauburger Hof als

Wohngebäude, dessen Gestaltung sich stark am Vorgänger-bau orientiert. Geschickt wurden die Jugendstilornamente Senfs abstrahiert und in die reliefartige Sichtbetonfassade übernommen. Ein südlich gelegenes zweites Treppenhaus erschließt den Neubau sowie das rekonstruierte Nachbar-haus Klein Nürnberg.

Die wechselvolle Geschichte dieses Bauplatzes offenbart sich im Giebel. Zeigt die Entwurfszeichnung von 1913 noch ein Zitat aus Schillers Wilhelm Tell, findet sich am realisierten Bau von 1914 ein wilhelminischer Sinnspruch und heute eine freie Abwandlung des ursprünglich geplanten Schiller-Zitats.

1913/14

HERMANN SENF UND CLEMENS MUSCH, FRANKFURT AM MAIN

Institut für Stadtgeschichte Frankfurt am Main (ISG FFM), 1-299 Nr. 47-1, Zum Glauburger Hof, Foto ca. 1915, Urheber: Hermann Senf, Clemens Musch

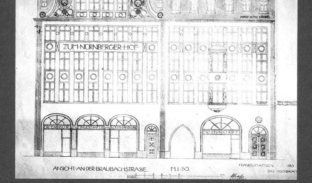

Institut für Stadtgeschichte Frankfurt am Main (ISG FFM), S1-299 (Nachlass Hermann Senf) Nr. 47-2, Baugruppe am Nürnberger Hof, Ansicht, 1913 Urheber: Hermann Senf, Clemens Musch

2012–2018

KNERER UND LANG ARCHITEKTEN, DRESDEN

BRAUBACH 31

Text: Peter Cachola Schmal

Das Haus Braubachstraße 31 ist ein Sonderfall in mehrfacher Hinsicht: Es ist einerseits ein intellektuelles, aber auch sinnlich-materielles Spiel mit dem Thema Rekonstruktion und andererseits ein Spiel mit unserer Wahrnehmung von Vergangenheit und Gegenwart.

Der Neubau rekonstruiert das damals hochmoderne Fassadenmaterial Sichtbeton des Vorgängerbaus von 1913, indem die gesamte Fassade zur Braubachstraße mit Sichtbetonfertigteilen auf Wärmedämmung als nichtragende Schutzbekleidung ausgeführte wurde. Die frühe Betonkonstruktion ist nur noch mühsam im bestehenden Zwillingsbau auf der rechten Seite, Braubachstraße 35, zu entdecken, da sie über die Jahrzehnte mit gelb-roter Farbe übertüncht wurde. Farblich fast neutral grau-beige gehalten und in der zurückhaltenden Detailsprache wird der Neubau dagegen von seinem linken Nachbarn, Braubachstr. 29 von Bernd Albers verstärkt, der eine eher klassizistische Variante einer transformierenden Rekonstruktion errichtet hat. In Folge wirkt nun der authentische Zwilling geradezu plump und renovierungsbedürftig. Der Neubau entwertet somit visuell den Bestand und widerspricht damit seinem eigenen komplexen Sinnspruch an der Fassade, die im Licht der Bauaufgabe geradezu selbst-ironische Verdrehung „Das neue stürzt und altes Leben blüht aus den Ruinen". Viel wurde über die Umkehrung des Schiller-Zitates aus Wilhelm Tell sinniert, die im Original lautet: „Das Alte stürzt, es ändert sich die Zeit und neues Leben blüht aus den Ruinen." Der Bauherr Dom-Römer GmbH hatte im Wettbewerb auch darauf hingewiesen, dass dieses Zitat vom Architekten zwar geplant, aber durch einen patriotischeren Text (1913!) ersetzt wurde und daher nie dort gestanden hatte.

Eine weitere Verwirrung entsteht aber durch die riesige Aufschrift „Zum Glauburger Hof". Der Glauburger Hof war im 15. und 16. Jahrhundert der Name des früheren Hofgutes im heutigen Günthersburgpark . In Wirklichkeit stand auf dem Haus bis 1970 geschrieben: „Zum Nürnberger Hof". Die kleine Passage durch den Spitzgiebel rechts vom Neubau ist ein Rest der früheren Gassenverbindung zu diesem ehemaligen Sitz der Nürnberger Kaufleute, 1410 erbaut vom berühmten Stadtbaumeister Madern Gerthener. Doch die Lokalpresse begleitet im Mai 2017 ehemalige Bewohner dieses Haus, wie sie durch die Rekonstruktionsbaustelle laufen und sich freuen, das ihr früheres Wohnhaus, der „Glauburger Hof" wieder entsteht.

Aus Krimis wissen wir ja, dass nichts so trügerisch ist wie die Erinnerungen von Zeugen.

Von 1974 bis 2009 Nachbarn an
der Braubachstraße

DAS SICHTBARE DES UNSICHT-BAREN

0 3

↘

Über Form und Funktion in der Architektur von Knerer und Lang

Text: David Kasparek

In einer der schönsten Szenen des an guten Szenen reichen Spielfilms der Regisseurin Sofia Coppola gibt ein von Diamond Yukai gespielter Werbefilm-Regisseur dem männlichen Protagonisten des Stücks ebenso ausführliche wie eindringliche Regie-Anweisungen. Bill Murray spielt diesen Hauptdarsteller, der in anderen Szenen mit der weiblichen Hauptperson, von Scarlett Johansson verkörpert und Charlotte genannt, durch ein meist nächtliches Tokio wandelt. Sie, die verwundert dreinblickende junge Frau eines hippen Fotografen, die sich nach abgeschlossenem Philosophie-Studium anderes von der gemeinsamen Reise erhofft hatte. Er, der alternde amerikanische Schauspielstar Bob Harris, der seinen Nachruhm im Ausland verwaltet und für die Aufnahmen zu einem Werbeclip nach Japan gekommen ist. Lange redet der Regisseur auf Harris ein, geht auf und ab, schwingt dabei das Skript in seiner linken, während er mit der rechten Hand wiederholt die Geste eines zum Anstoßen gehobenen Glases imitiert. Er redet japanisch, einzelne englische Worte wie *Casablanca*, *whiskey* und *camera* sind zu verstehen, ansonsten geht es den Zuschauern des Films wie Bob Harris: Sie verstehen nichts. Die Dolmetscherin aber übersetzt die fast 25 Sekunden dauernde Anweisung des Regisseurs mit nur einem einzigen, kurzen Satz. Auch auf Harris' Nachfrage bleiben die übersetzten Anweisungen knapp und stehen den ausufernden Erläuterungen des Regisseurs eklatant entgegen. Harris' Rückfragen wiederum werden in der Übersetzung ins Japanische merkwürdig lang. Der Schauspieler wirkt verloren – lost in translation.

Auch die Architektur kennt solche von Missverständnissen geprägte Historien und in der Übersetzung verloren gegangenen Bedeutungszusammenhänge. Das wohl bekannteste Beispiel ist das von der Form, die der Funktion folge. Gemeint sind dabei fast immer Architekturen, deren räumliches und formales Programm einer irgendwie technischen und zweckgebundenen Notwendigkeit folgt. Dabei versteht man oft den Verzicht auf Gestaltung, die über die ästhetische Behandlung jener Formen oder Räume, die es zu bilden gilt, hinausreicht. Ausgangspunkt ist eine vermeintliche Logik, die die Form aus dem Zweck heraus und quasi automatisch entstehen lässt. *Neues Bauen*, *Moderne*, *International Style*, *Neue Sachlichkeit* oder gar die klare Zuweisung eines *Bauhaus-Stils* sind die dazugehörigen Marken, die sich in die Architekturrezeption der vergangenen einhundert Jahre eingeschrieben haben.

„Ob es der schweifende Adler auf seinem Flug ist oder die geöffnete Apfelblüte, das sich ablagende Arbeitspferd, der majestätische Schwan, die sich verzweigende Eiche, der Grund des sich windenden Stroms, die ziehenden Wolken oder über allem die wandernde Sonne: Die Form folgt immer der Funktion, und dies ist das Gesetz. Wo sich die Funktion nicht ändert, ändert sich die Form nicht. Die Granitfelsen, die ewig vor sich hinkauernden Hügel, bleiben zeitlos; der Blitz lebt, nimmt Gestalt an und stirbt in einem Augenblick.

Es ist das sich erfüllende Gesetz aller organischen und anorganischen Dinge, aller physischen und metaphysischen Dinge, aller menschlichen Dinge und aller übermenschlichen Dinge, aller wahren Äußerungen des Kopfes, des Herzens, der Seele, dass das Leben in seinem Ausdruck erkennbar ist, dass Form immer der Funktion folgt. Dies ist das Gesetz."

Henry Sullivan

Louis Henry Sullivan *1856 – †1924
US-amerikanischer Architekt

Louis Henry Sullivan: Das Bürohochhaus, unter künstlerischen Gesichtspunkten betrachtet, in: Lippincott's Monthly Magazine, Philadelphia 1896, dt. Übers. von Thomas Amos

Als Referenz wird mit Blick auf den Begriff *Funktion* in der Architektur immer wieder auf den US-amerikanischen Architekten Louis Henry Sullivan verwiesen. Er hatte in seinem 1896 in Lippincott's Monthly Magazine veröffentlichten Text *Das Bürohochhaus, unter künstlerischen Gesichtspunkten betrachtet* folgenden Satz geschrieben: *Ob es der schweifende Adler auf seinem Flug ist oder die geöffnete Apfelblüte, das sich abplagende Arbeitspferd, der majestätische Schwan, die sich verzweigende Eiche, der Grund des sich windenden Stroms, die ziehenden Wolken oder über allem die wandernde Sonne: Die Form folgt immer der Funktion, und dies ist das Gesetz.* Dabei ist es hilfreich, einen kurzen Blick in die Genese des Formbegriffs zu werfen, wie wir ihn in der Gestaltung und damit auch in der Architektur heute verwenden.

Form

Die Idee, dass sich die Inhalte – der Zweck, für den ein Gebäude errichtet wurde – an den Häusern selbst ablesen lässt, geht maßgeblich auf das 18. Jahrhundert zurück. 1795 wird die Schrift *Untersuchungen über den Character der Gebäude* veröffentlicht. Anonym. Bis heute ist nicht geklärt, wer sich damals zu der Aussage verstieg, der Anblick eines richtig entworfenen Hauses mache *das Gebäude so gut als durchsichtig* – und zwar schon beim Erkennen seines Umrisses. Entsprechend besticht die Schrift auch durch jede Menge Schattenrisse von Gebäuden. Die Idee aber, das Innere eines Bauwerks müsse sich zwingend in seiner äußeren Form ausdrücken, durch seine Fassade und sogar seinen Umriss erkennbar werden, verfing im Diskurs über Architektur und lässt sich in vielen Äußerungen und Lehrbüchern nachverfolgen.

Anonym, Untersuchung zum Charakter der Gebäude, 1795

Aloys Hirt und Carl Boetticher schlagen in die gleiche Kerbe. Boetticher etwa schreibt in der 1844 publizierten *Tektonik der Hellenen* von der *Kunstform* als erklärendem Abbild der Konstruktion, die er *Kernform* nennt. Ein deutlicher Bezug auf Karl Friedrich Schinkel, bei dem Architektur *mit ästhetischem Gefühl erhobene Construction* ist. Hier taucht – neben der Kernform – im Diskurs vor allem ein Kernproblem der Architekturproduktion auf, das sich bis heute wie ein roter Faden durch viele Diskussionen innerhalb der Disziplin zieht: Es geht um eine Selbstbestärkung und eine irgendwie gerechtfertigte Abgrenzung durch Erhebung gegenüber einem nicht näher zu fassenden Anderen. Das *niedere Bauen* als eine Art Nicht-Architektur. Dieses *bloße Bauen* steht im Gegensatz zur eigentlichen Architektur, der Baukunst. Ein Ansatz, der sich schon in Goethes Aufsatz *Baukunst* von 1795 findet. Der Dichterfürst wettert dort gegen Puristen *(...), die auch in der Baukunst gern alles zu Prosa machen möchten*. Der Sinn oder bei Goethe der höchste Zweck jeder Kunst sei es aber, Freude durch *sinnlich-harmonisches* zu erzeugen. Erst *der poetische Teil der Baukunst* erhebt für Goethe das Bauen über die Technik hinauf in die Sphären der Kunst. Dieses Verständnis einer Abgrenzung von *Architektur als Baukunst* findet sich auch bei Hirt: In der 1809 veröffentlichten *Baukunst nach den Grundzügen der Alten* benennt er das Wesen architektonischer Schönheit als Synthese aus Konstruktion und zweckmäßiger Anordnung – etwas, was dem Autor zufolge zum damaligen Zeitpunkt allein die antiken Griechen zu Wege gebracht haben. Wie sehr dieser Punkt im architektonischen Diskurs verankert ist, zeigt Sigfried Giedion, als er ihn 1928 in *Bauen in Frankreich. Eisen. Eisenbeton* wieder aufgreift, die Konstruktion als das *Unterbewusstsein* der Architektur tituliert und dieses in den französischen Ingeni-

Sigfried Giedion: Bauen in Frankreich, Bauen in Eisen, Bauen in Eisenbeton (Klinkhardt & Biermann, Leipzig 1928)

eursbauten des 19. Jahrhunderts schlummern sieht. Erwacht und damit zutage getreten, so Giedion, ist dieses schlummernde Unterbewusstsein dann in der Architektur von Le Corbusier.

Interessant bei all diesen Theoretikern ist eine stetig zunehmende Moralisierung der Architektur, die den Fokus auf eine Unterscheidung zwischen falsch und richtig legt. Dabei geht es oft weniger um eine gesellschaftlich-ethische Betrachtungsebene, sondern um eine aus der Architektur selbst erwachsende Ethik und Moral, die sich aus architektonischen Mitteln speisen. Der unbedingte Wille, konstruktive Systeme stets ablesbar zu machen und *materialgerecht*, einem den jeweiligen Baustoffen innewohnenden Geist oder Willen entsprechend zu bauen, der sich bis heute in der Architekturdiskussion findet, lässt sich mit den Ausführungen von John Ruskin und Viollet-le-Duc weiterführen.

Was Ruskin in *Die sieben Leuchter der Baukunst* 1849 beschreibt, ist eine Art Architekturethik, die um die Entstehungsbedingungen von Architektur kreist. Er unterscheidet grundlegend zwischen Bauen und Architektur, die auch er Baukunst nennt. Wo *Bauen* etwa das Wespennest, Rattenloch oder auch eine Eisenbahnstation ist, ist Architektur das Ergebnis jener Tätigkeit, die einem oder mehreren der sieben Leuchter entsprechen. Für John Ruskin sind das *Aufopferung*, *Wahrheit*, *Kraft*, *Schönheit*, *Leben*, *Erinnerung* und *Gehorsam*. Dass er damit ausgerechnet gegen die damals modernen Verkehrsbauten wie die neuen großen Bahnhöfe antritt, ist mit Blick auf die Geschichte und die Wendung bei Giedion nicht ohne eine gewisse Ironie. Sie sind ob ihrer industriellen Fertigung für Ruskin das Paradebeispiel für eine Entmenschlichung des Bauens. Wo Ruskin zufolge in der Gotik die Ornamente noch von Hand und unter dem Zeichen mindestens eines der Leuchter entstanden seien, sei dies in den, unter Zuhilfenahme der modernen Maschinen, gegossenen Eisenkonstruktionen nicht mehr der Fall.

Die Verschiebung des Blicks auf die zuvor wenig geliebte, ja verächtlich gemachte Gotik teilt Ruskin mit dem Sohn einer großbürgerlichen Pariser Familie: Eugène Emmanuel Viollet-le-Duc. Zwischen 1854 und 1868 veröffentlicht er ein bis heute unfasslich anmutendes Werk: Die *Dictionnaire raisonné de l'architecture française du XIe au XVIe siècle*, nicht weniger als ein systematisches Lexikon, in dem er in zehn Bänden die Bauten der französischen Gotik alphabetisch katalogisiert und in ihren aufgemessenen Details versammelt. Viollet-le-Duc betont die Relevanz einer logischen Durchdringung der Architektur, die in der Sichtbarmachung ihrer Konstruktion verdeutlicht wird – und zwar bis ins Detail. Diese

Eugène Emmanuel Viollet-le-Duc,
Dictionnaire raisonn de
l'architecture fran aise du Xie
au XV – le sicle

logische, rationale Durchdringung bezeichnet er als *Stil* und schreibt unter anderem: *Und der Stil entfaltet sich dort am besten, wo man vom richtigen, wahren und klaren Ausdruck nicht ein Jota abweicht.*

Damit ist die Grundlage für jene Logik gelegt, die in der Moderne so missverständlich verwendet wird. Was Viollet-le-Duc in gewisser Weise selbst vorwegnimmt, wenn er schreibt: *In allen Künsten, und in der der Architektur im Besonderen, haben ungenaue Definitionen zu vielerlei Irrtümern geführt, sie haben Vorurteile entstehen lassen und falsche Vorstellungen genährt. Man gibt ein Wort vor, und schon deutet es jeder auf seine Weise.*

Walter Gropius bezieht sich unmittelbar auf die von Viollet-le-Duc diagnostizierte Logik, wenn er 1911 – in dem Jahr, als er die Schuhleistenfabrik des Unternehmers Carl Benscheidt in Alfeld an der Leine entworfen hatte – in seinem Vortrag *Monumentale Kunst und Industriebau* sagt: *Exakt geprägte Form, jeder Zufälligkeit bar, klare Kontraste, Ordnen der Glieder, Reihung gleicher Teile und Einheit von Form und Farbe (...).*

Ludwig
Mies van der Rohe

Maria Ludwig Michael Mies *1886 – †1969
deutsch-amerikanischer Architekt

„Wir kennen keine Form, sondern nur Bauprobleme. Die Form ist nicht das Ziel, sondern das Resultat unserer Arbeit. Es gibt keine Form an sich. Das wirkliche Formvolle ist bedingt, mit der Aufgabe verwachsen, ja der elementarste Ausdruck ihrer Lösung. Form als Ziel ist Formalismus; und den lehnen wir ab. Ebenso wenig erstreben wir einen Stil. Auch der Wille zum Stil ist formalistisch. Wir haben andere Sorgen. Es liegt uns gerade daran, die Bauerei von dem ästhetischen Spekulantentum zu befreien und Bauen wieder zu dem zu machen, was es allein sein sollte, nämlich BAUEN."

Ludwig Mies van der Rohe: „Bauen", in.
G – Material zur elementaren Gestaltung, hrsgg. von Hans Richter,
Berlin 1923

Auch Ludwig Mies van der Rohe rekurriert auf eine solche Logik, wenn er davon ausgeht, dass die Form aus der Aufgabe erwachse, *ja der elementarste Ausdruck ihrer Lösung* sei. Mit Blick auf Mies schreibt etwa Sigfried Giedion in seinem Standardwerk *Raum Zeit Architektur*: *Von Anfang bis zum Schluss hält er (Mies; Anm. d. Verf.)*

an seinem einmal gefassten Standpunkt fest: Skelett und Glas. Er duldet keine Einzelheiten. Dies ist nicht etwa Sterilität. Es ist das stete Verlangen nach Raumvitalität, das ihn zu immer intensiverem architektonischen Ausdruck treibt. Er ruht nicht, ehe er nicht alle Formen zur Reinheit gezwungen hat. Für Giedion zeigt sich in Mies' Architektur nicht mehr und nicht weniger als die *Integrität der Form.* Man muss das als Gegensatz zu dem lesen, was Sullivan formulierte.

Funktion

Dass dieser Satz von Louis Sullivan zum Ursprung jener Architektursprache wurde, die sich seit Alexander Mitscherlichs Buch *Die Unwirtlichkeit unserer Städte* immer wieder öffentlicher Kritik ausgesetzt sieht, erstaunt umso mehr, wenn man die Architektur betrachtet, die im Büro von Sullivan und seinem Partner Dankmar Adler damals entstand. Sie haben nichts mit dem zu tun, was Mitscherlich 1965 als *unwirtlich* und andere bis heute als *lieblose Kisten* kritisieren. Reich verziert zeigt sich etwa das zwischen 1887 und 1889 in Chicago entstandene Auditorium Building im inneren wie äußeren Erscheinungsbild. Gleiches gilt für das Guaranty Building, das Adler und Sullivan von 1894 bis 1896 in Buffalo realisierten. Andere Projekte des Büros zeugen von einem großen Interesse an einer tektonisch vielschichtigen Gliederung der Fassaden. Beispielsweise das Wainwright Building in St. Louis (1890–1891) und das alte Gebäude der Wertpapierbörse in Chicago (1893–1894). All diese Entwürfe haben nichts mit einer Reduktion auf glatte Flächen oder puristische Raumabschlüsse zu tun. Wo aber kommt dann der missverständliche Gebrauch von Sullivans Sentenz her, sein Zeugenstatus für viele Apologeten des Neuen Bauens wie aktueller, minimalistischer Architektur?

Dankmar Adler und
Louis Sullivan,
Auditorium Building,
Chicago 1887–1889

Es gibt das, was Rechtswissenschaftler wohl eine Verkettung unglücklicher Umstände nennen würden. Im Zuge der Globalisierung des frühen 20. Jahrhunderts und der entsprechenden Internationalisierung der Architektur greifen immer mehr Architekten Sullivans Ausführungen auf. Mal konkret, mal deutlich metaphorischer. Dazu kommt eine extreme Technikgläubigkeit in fast allen Gesellschaftsbereichen, die auch vor der Architektur nicht haltmacht. Technik bedeutet schon gut hundert Jahre vor dem Werbeslogan eines deutschen Autoherstellers einen vermeintlichen Vorsprung. Charles-Édouard Jeanneret-Gris, der als Le Corbusier in die Architektur-

Le Corbusier und Pierre
Jeanneret, Doppelwohnhaus,
Stuttgart 1927

geschichte eingegangene franko-schweizerische Architekt, schreibt 1923 in seinem Buch *Vers une architecture* mehrere *Leitsätze* auf. So formuliert er unter anderem: *Das Haus ist eine Maschine zum Wohnen. (...) Der Grundriss schreitet von innen nach außen, das Äußere ist das Ergebnis des Inneren. Die Elemente der Baukunst sind das Licht und der Schatten, die Mauer und der Raum. (...) Die Großindustrie muss sich des Baus bemächtigen und die Elemente des Hauses in Serie herstellen.*

Für den 1887 geborenen Schöpfer solcher Raumwunder wie der Chapelle Notre-Dame-du-Haut im französischen Ronchamp geht es deutlich um mehr als nur um den rein technischen Bauprozess. Es gelte *die geistige Verfassung für den Serienbau zu schaffen: (...) Wenn man aus seinem Herzen und aus seinem Geist die unbeweglich gewordenen Vorstellungen des herkömmlichen Hauses reißt und die Frage von einem kritischen und sachlichen Standpunkt aus ins Auge fasst, wird man zur Hausmaschine, zum Haus in Serienbau gelangen, das gesund ist (auch sittlich gesund) und schön dank der Ästhetik der Arbeitsmittel, die unser Leben begleiten.*

„Die Architekten von heute haben Angst, die Oberfläche dem Gesetz der Geometrie zu unterwerfen. Die großen Probleme der modernen Konstruktion werden verwirklicht werden auf der Grundlage der Geometrie. Gehorsam den genauen Verpflichtungen eines gebieterischen Programms, verwerten die Ingenieure die formerzeugenden und formanzeigenden Elemente. Sie schaffen klare und eindrucksvolle Tatsachen der Formgestaltung. (...)

Es gibt eine Menge von Werken des neuen Geistes; sie entstammen überwiegend der fabrikmäßigen Erzeugung. (...)

Das Haus ist eine Maschine zum Wohnen. (...) Der Grundriss schreitet von innen nach außen, das Äußere ist das Ergebnis des Inneren. Die Elemente der Baukunst sind das Licht und der Schatten, die Mauer und der Raum. (...)

Die Großindustrie muss sich des Baus bemächtigen und die Elemente des Hauses in Serie herstellen.

Es gilt, die geistige Verfassung für den Serienbau zu schaffen: die geistige Verfassung für die Konstruktion von Häusern in Serienbau. Die geistige Verfassung für das Bewohnen von Häusern in Serienbau. Die geistige Verfassung für den künstlerischen Entwurf von Häusern in Serienbau.

Wenn man aus seinem Herzen und aus seinem Geist die unbeweglich gewordenen Vorstellungen des herkömmlichen Hauses reißt und die Frage von einem kritischen und sachlichen Standpunkt aus ins Auge fasst, wird man zur Hausmaschine, zum Haus in Serienbau gelangen, das gesund ist (auch sittlich gesund) und schön dank der Ästhetik der Arbeitsmittel, die unser Leben begleiten.

Schön zugleich dank der Beseelung, die der künstlerische Sinn diesen strengen und reinen Organen verleihen kann."

Le Corbusier

Charles-Édouard Jeanneret-Gris *1887–†1969
schweizerisch-französischer Architekt,
Architekturtheoretiker, Stadtplaner,
Maler, Zeichner, Bildhauer und Möbeldesigner

Le Corbusier: „Leitsätze", in: Kommende Baukunst, übers.
und hrsgg. von Hans Hildebrandt, Stuttgart/Berlin/Leipzig 1926
(orig.: Vers une architecture, 1923)

Stil ist auch für Le Corbusier die Baukunst, die er aber im Widerspruch zur Revolution sieht. Und die Revolution ist ebenjene Architektur im Sinne einer Ingenieurästhetik, die sich für ihn in Ozeandampfern, Flugzeugen und Autos zeigt. Zweckgebundene, technoide Objekte, deren formale Gestalt von Kriterien wie Luft- und Wasserwiderstand, Auftrieb und Anpressdruck maßgeblich bestimmt wird.

Hannes Meyer mit Hans Wittwer
und Studierenden des Bau-
hauses, ehemalige Bundesschule
des Allgemeinen Deutschen
Gewerkschaftsbundes, Bernau
bei Berlin

In die gleiche Kerbe schlägt 1926, dem Erschei-
nungsjahr der als *Kommende Architektur* übersetzten deutschen Ausgabe von Le Corbusiers
Leitsätzen, verbal der zwei Jahre später zum
Bauhausdirektor berufene Hannes Meyer: *Bauen
ist ein technischer, kein ästhetischer Prozess,
und der zweckmäßigen Funktion eines Hauses
widerspricht je und je die künstlerische Kompo-
sition. Idealerweise und elementar gestaltet,
wird unser Wohnhaus eine Maschinerie.* Wie pro-
grammatisch und weitreichend die Auffassungen
Meyers dabei gedacht sind, zeigt der Titel des
Textes, aus dem dieses Zitat stammt: *Die neue
Welt.* Um nicht weniger ging es den Architekten
damals. Die Verheerungen des Ersten Weltkriegs
sind acht Jahre nach dessen Ende längst nicht
vergessen, erst recht nicht bei jenen, die wie Meyer selbst in Kampfhandlungen verstrickt waren.
Hannes Meyer leistete zwar *nur* zwischen 1914
und 1915 Aktivdienst in der Schweiz, die Kriegs-
verletzten aber sind ein allgegenwärtiger Teil des
Gesellschaftsbildes.

Ein Jahr später, 1927, nimmt Ludwig Hilberseimer in seiner Publikation *Großstadtarchitektur*
den von Le Corbusier gelegten Faden der Besin-
nung oder Beschränkung auf geometrische
Grundformen auf.

Ludwig Hilberseimer,
Schema einer Hochhausstadt,
in Großstadtarchitektur

„Reduktion der architektonischen
Form auf das Knappste, Not-
wendigste, Allgemeinste, eine
Beschränkung auf die geomet-
risch kubischen Formen: die
Grundelemente aller Architektur."

Ludwig Hilberseimer

Ludwig Hilberseimer, Großstadtarchitektur,
Stuttgart 1927, 2. Aufl. 1978, S. 103.

*1885 – †1967
Architekt und Stadtplaner

Hilberseimer, der vom Frühjahr 1929 bis April
1933 am Bauhaus Dessau und später unter Ludwig Mies van der Rohe als Professor für Stadt-
und Regionalplanung am Illinois Institute of Tech-
nology lehrt, ist damit unmittelbar beteiligt an
der Fokussierung auf eine ornamentlose Architektur. Am Bauhaus, an das Hilberseimer von
Hannes Meyer berufen wird, ist diese formaläs-
thetische Überzeugung zu Zeiten Hilberseimers,
Meyers und van der Rohes vorherrschend. Entscheidend dazu trägt aber vor allem Meyers Vor-
gänger Walter Gropius bei, der – um seinen Nachruhm ebenso besorgt wie diesen entscheidend
glorifizierend – nach seinem Ausscheiden aus dem

Bauhaus zahlreiche Texte, Bücher und Ausstellungen konzipiert und realisiert. Dabei diffamiert Gropius nicht nur seinen Nachfolger Meyer, sondern schätzt dessen Wirken am Bauhaus bis zur bewussten Auslassung gering. Für den – wie Mies van der Rohe, Hilberseimer und Marcel Breuer – ebenfalls in den USA der McCarthy-Ära tätigen Gropius nicht nur persönliche Eitelkeit, sondern auch ignoranter Selbstschutz. Meyer war nach seiner erzwungenen Demission am Bauhaus zunächst nach Moskau in die sozialistische Sowjetunion und später, einem Ruf des linken Präsidenten Lázaro Cárdenas del Río folgend, nach Mexiko gegangen. Gropius also bereinigt die Rezeption des Bauhauses von allzu *roten* Gedanken und verkürzt dessen Ergebnisse auf eine reduzierte Formensprache, die etwa die expressionistischen Experimente der frühen Jahre ausgerechnet unter seiner Leitung außen vor lässt. Stattdessen rekurriert er immer wieder auf den schon 1930 im Buch *Bauhausbauten Dessau* veröffentlichten Satz: *Jedes Ding ist bestimmt durch sein Wesen, um es so zu gestalten, dass es richtig funktioniert, muss sein Wesen erforscht werden; denn es soll seinem Zweck vollendet dienen, d.h. seine Funktion praktisch erfüllen, dauerhaft, billig und ‚schön' sein.*

Auch hier taucht wieder die Verquickung eines den Dingen angeblich innewohnenden Geistes und dessen, so denn nur richtig erforscht, folgerichtigen formalen Ausdrucks auf. Auffällig ist zudem die Gleichsetzung von Zweck und Funktion, die Walter Gropius hier lapidar vornimmt. In Dessau hat Walter Gropius mit seinem Mitarbeiterstab eine Reihe von Bauten realisieren können. Neben dem zur Ikone der Moderne gewordenen Schulgebäude sind das die als *Meisterhäuser* in die Architekturgeschichte eingegangenen Wohnhäuser der Bauhaus-Lehrer (alle 1925–1926), die Wohnsiedlung Dessau-Törten (1926–1928) und das Arbeitsamt (1927–1929). Die Idee, dass es den einen *Bauhaus-Stil* gebe, dass dieser formal der von Gropius geschilderten Funktionserfüllung entspreche und sich vor allem in Bauten wie den von Gropius entworfenen Häusern in Dessau widerspiegele, ist vor allem dem umtriebigen Architekten selbst zu verdanken. In zahlreichen Ausstellungen und Büchern trägt Gropius penibel dafür Sorge, den Mythos des einen Bauhauses zu festigen, der nicht nur didaktisch auf seine Ideen zur Gründung der Schule, sondern vor allem auch auf seine Architektur- und Formvorstellungen zurückzuführen zu sein scheint. Dass es diesen einen Stil nie gegeben hat, zeigen viele Publikationen, die rund um das 100-jährige Bestehen des Bauhauses 2019 und 2020 erschienen sind. Etwa Winfried Nerdingers kompaktes Büchlein *Das Bauhaus. Werkstatt der Moderne* oder

Walter Gropius,
Bauhaus, Dessau 1925–1926

Philipp Oswalts umfängliches *Marke Bauhaus 1919–2019: Der Sieg der ikonischen Form über den Gebrauch*. Was bis zu diesen aufklärenden Büchern aber über mindestens zwei Generationen lang in die Köpfe der Architekturstudierenden eingepflanzt wird, ist dies: Bauhaus, das sind vor allem Gropius und Mies, dazu eine Architektur, die genau dem entspricht, was Gropius 1930 formulierte.

Hermann Giesler,
Gauforum, Weimar 1936

Der Re-Import der in einen International Style überführten, kanonischen Bauhaus-Idee nach dem Zweiten Weltkrieg, das zeigt Oswalt auf, ist auch der endgültige Beweis einer moralischen Überlegenheit der potentiellen Ideale einer funktionalistischen Architektur im Sinne Gropius' über die völkischen Architekturansätze während der NS-Diktatur. Mies und Gropius lehren inzwischen beide in den USA, einige ihrer Mitstreiter aus Dessauer und Berliner Bauhaus-Tagen wie Hilberseimer und Marcel Breuer sind dort ebenfalls angesehene Hochschullehrer und praktizierende Gestalter. Ihre formalen Ideen – und damit ihre Vorstellungen von Funktion – kommen im Gepäck der Befreier zurück nach Europa und manifestieren sich als Abgrenzung gegen die Diktatur der Nationalsozialisten und ihrer Formenwelt. Dass Gropius wie Mies vor ihrem Weggang aus Deutschland durchaus versucht hatten, mit ihren Vorstellungen von Architektur auch Adolf Hitler und seine Schergen zu überzeugen, lassen beide in der Nachkriegszeit tunlichst unerwähnt. Auf diesen von Gropius angeschobenen Zug, das Bauhaus stünde quasi per se für ein freiheitlich-liberales und offenes Deutschland, springen auch Bundeskanzler Kurt Georg Kiesinger, der damalige baden-württembergische Ministerpräsident Hans Filbinger und Bundespräsident Heinrich Lübke gerne mit auf. Kiesinger war NSDAP-Mitglied und machte im Reichsaußenministerium Karriere, Filbinger sein Partei-Kollege und berüchtigter Marinerichter, Lübke überwachte für die Wehrmacht den Einsatz von KZ-Häftlingen und Zwangsarbeitern und arbeitete an Speers Wiederaufbauplänen zum Ende des Krieges mit. Ihnen allen hilft nun die von Gropius initiierte quasi-automatische Opposition des Bauhauses zum Nationalsozialismus. Auch Philip Johnson, der das Bauhaus in den USA wie kaum ein Zweiter populär macht, kommt dieses Narrativ zupass. Er war zwischen 1932 und 1940 als Nazi-Sympathisant politisch aktiv, schrieb begeistert für *Social Justice*, ein durch antisemitische und antikommunistische Hetze auffallendes Blatt – beispielsweise über den deutschen Überfall auf Polen oder einen der Nürnberger Reichsparteitage der NSDAP. Umso absurder mutet es heute an, dass ausgerechnet die tatsächlichen antifaschistischen Aktivitäten Hannes Meyers oder das 1932 von Max Gebhard gezeichnete Logo der Antifaschistischen Aktion in der Rezeptionsgeschichte des Bauhauses derart marginalisiert werden konnten. Wie nahtlos die Linien vor, während und nach dem Zweiten Weltkrieg durch die Architektenschaft verlaufen, hat Werner Durth mit seinem Standardwerk *Deutsche Architekten. Biographische Verflechtungen. 1900 – 1970* eindrücklich dargelegt. Exemplarisch dafür mag das Zitat von Rudolf Wolters dienen.

Rudolf Wolters

*1903 – †1983
deutscher Architekt und Stadtplaner

„Die Form, die äußere Gestalt der neuen Bauten, geht aus ihrem Inhalt, ihrem Sinn und Zweck hervor. Diese Bauten dienen dem Volksganzen: Saalbauten, Theater- und Feierräume. Alle übrigen neuen Gebäude des Staates und der Bewegung werden mit diesen zusammengefasst in geschlossener Wirkung zu großen repräsentativen Straßen- und Platzräumen. Diese sollen unsere neuen Stadtkronen, die Mittelpunkte unserer heutigen Städte sein."

Rudolf Wolters: Neue Deutsche Baukunst, Prag 1943, S. 10

Rudolf Wolters,
Neugestaltung Berlins
Modellfoto Nord-Süd-Achse

Es scheint zunächst irritierend, wie hier von einem der Apologeten der Architektur des sogenannten *Dritten Reiches* das Vokabular des neuen Bauens und Bruno Tauts Ideen der Stadtkrone einfach weitergesponnen und umdeklariert werden. Aber es zeigt eben genau die von Durth aufgezeigten Konstanten jener Jahre.

Wie lange der Glaube an die Objektivierbarkeit von Form anhält, zeigt das Beispiel des von vielen Architekten stets ikonisch verehrten Ludwig Mies van der Rohe. Er schreibt noch 1965: *Heute, wie seit langem, glaube ich, dass Baukunst wenig oder nichts zu tun hat mit der Erfindung interessanter Formen noch mit persönlichen Neigungen. Wahre Baukunst ist immer objektiv und ist Ausdruck der inneren Struktur der Epoche, aus der sie wächst.*

Erst in den 1960er-Jahren kommt Bewegung in diese Betrachtungen – im wahrsten Sinne des Wortes. 1960 veröffentlicht der brasilianische Architekt Oscar Niemeyer in *Módulo* seinen Beitrag *Form und Funktion in der Architektur*. Darin legt er seine Haltung zu einer schwingenden Moderne dar, seinen Weg zur Findung organischer Formen und Räume. Niemeyer lässt dabei kein gutes Haar an seinen Zeitgenossen, ohne jedoch Namen zu nennen: *Es ist die Architektur der Zaghaften, die sich mit Regeln und Beschränkungen besser und sicherer fühlen, Beschränkungen, die ihnen nicht erlauben, phantasievoll, vermittelnd, widersprüchlich, mit den von ihnen angenommenen funktionalistischen Prinzipien umzugehen; widerstandslos lassen sie sich durch sie zu bisweilen trivialen, weil so häufig wiederholten Lösungen verleiten. Zur Begründung verteidigen sie unnachgiebig den Funktionalismus, die Konstruktionserfordernisse, die Zweckmäßigkeit der Standardisierung usw., Argumente, die nicht stichhaltig sind, wo es um besondere Bauwerke geht, bei denen finanzielle Fragen zweitrangig sind. Sie berufen sich sogar auf soziale Gründe, die, wie sie glauben, nach schlichten und wirtschaftlichen Bauten verlangten, als sei dieses Argument nicht längst veraltet, zumindest bei denjenigen, die sich wirklich für soziale Fragen interessieren und wissen, dass sich ihre Lösung der Zuständigkeit des Architekten oder der Architektur entzieht, vielmehr jenseits professioneller Arbeit nach der konsequenten Unterstützung fortschrittlicher Bewegungen verlangt.* Der Architekt der legendären Regierungsbauten in Brasilia fährt weiter fort: *Damit erreichen sie, dass die Gebäude ihren unabdingbaren Charakter verlieren, den Nutzung und Zweckmäßigkeit des Programms nahelegen sollten. So nehmen öffentliche Gebäude, Schulen, Theater, Museen, Wohnungsbauten usw. identische Züge an, und dies trotz ihrer so unterschiedlichen Programme, die, würde man sie sich positiv zunutze machen, zu Lösungen von größerem Interesse führen sollten, bei denen die moderne Technik voll zum Einsatz kommt.* Es ist eine Wutrede gegen die Gleichmacherei des International Style, der überall auf dem Globus die gleichen formalen wie räumlichen Ergebnisse zeitigt und dabei weder der Typologie – also dem Zweck des Hauses – noch dem Ort, an dem es erstellt wird, ausreichend Beachtung schenkt.

Frei Otto, Hochschullehrer in Stuttgart und dort mit seinem 1964 gegründeten Institut für Leichte Flächentragwerke an zahlreichen Entwürfen beteiligt, die eine neue Leichtigkeit der Bundesrepublik versinnbildlichen sollen, formuliert 1979 einige *Gedanken über das Ästhetische bei materiellen Objekten*: *Sie (die Leichtbauobjekte;*

Anm. d. Verf.) werden erst ästhetisch, wenn sie – ohne dabei zugleich etwas unfunktioneller zu werden – ideal geformt, ‚vollendet' ihre ‚wahre' Gestalt, dem unvoreingenommenen (aber aufgeschlossenen) Betrachter ‚zeigen', wenn sie sowohl die typische Form aller vollendet optimierten – ökonomisch – funktionellen Objekte der gleichen Art als auch das Gemeinsame und Individuelle spiegeln, also durchaus mit den für Individuen typischen Abweichungen (Imperfektionen). Frei Otto, der am Entstehen des – von Rolf Gutbrod entworfenen – deutschen Expo-Pavillons in Montreal 1967 ebenso beteiligt ist wie am Werden des 1972er-Olympia-Ensembles in München, einem Entwurf von Günter Behnisch und Partnern, führt damit neben der ökonomisch-funktionalen Betrachtungsebene von Form – also von jeglichen gestalteten Objekten – das Momentum des Imperfekten ein, der individualisierten Abweichung von vermeintlicher Norm und damit letztlich von nicht logisch erklärbaren Dingen.

Frei Otto, Institut für Leichte Flächentragwerke IL, Universität Stuttgart

Infolge der Internationalisierung der westlichen Nachkriegsgesellschaften schließlich wird Sullivans Diktum immer häufiger im englischen Original auch in Europa gebraucht. Dabei wird es stetig verkürzt und nur mehr als *Form follows function* wiedergegeben. Aufgrund der Genese des Begriffs scheint vermeintlich klar, was gemeint ist. Gropius und Co haben es ja vorgemacht.

Paolo Soleri kehrt es in *The Bridge Between Matter and Spirit Is Matter Becoming Spirit* 1970 schließlich um. Zur Verdeutlichung seiner Ansätze einer Vermählung von Ökologie und Architektur, die er Arcology nennt, schreibt er: *Function follows form.* Mit seiner Totalität sprengt Soleri, ähnlich wie vor ihm Richard Buckminster Fuller, die tradierten Architekturbegriffe. Umwelt und Ökologie werden zu relevanten Begrifflichkeiten, wie Frei Otto ist er damit ein früher Wegbereiter dessen, was heute unter dem Rubrum *ressourcenschonendes Bauen* diskutiert und immer noch viel zu selten umgesetzt wird.

Ernst Bloch

Ernst Simon Bloch *1885 – †1977 deutscher Philosoph

„Seit über einer Generation stehen darum diese Stahlmöbel-, Betonkuben- und Flachdach-Wesen geschichtslos da, hochmodern und langweilig, scheinbar kühn und echt trivial, voll Hass gegen die Floskel angeblich jedes Ornaments und doch mehr im Schema festgerannt als je eine Stilkopie im schlimmen 19. Jahrhundert."

Ernst Bloch: Das Prinzip Hoffnung, Frankfurt 1973, S. 860

Wie harsch die Kritik am Funktionalismus in den 1970er-Jahren ist, macht Ernst Blochs *Prinzip Hoffnung* deutlich. Bei Bloch kommt die Forderung nach einer Rückkehr zum organischen

Ornament wieder auf, indem er Architektur als einen *Produktionsversuch menschlicher Heimat* definiert. In der Antike, bei Vitruv, muss Architektur noch drei Kriterien erfüllen: Festigkeit, Zweckmäßigkeit und Anmut. Firmitas, utilitas und venustas. Fritz Neumeyer konstatiert in *Quellentexte zur Architekturtheorie*: *In den heute gebräuchlichen Begriffen, Konstruktion, Funktion und Form, hat sich der vitruvianische Bedeutungszusammenhang allerdings stark verflüchtigt.* Was bei Vitruv noch ein harmonischer Dreiklang gleichwertiger Bedingungen war, so Neumeyer, würde vom analytischen Geist der Moderne arbeitsteilig zerlegt. Mit dieser Aufteilung aber geht auch eine Wertung einher. Es ist kein zeitliches Nebeneinander mehr: Wie in der Stadt der Moderne, wo hier die Häuser mit den Betten der Menschen und dort jene mit ihren Arbeitsplätzen zu finden sind, beides räumlich säuberlich getrennt, weist auch die Betrachtung des Hauses der Moderne diese Trennung auf. Erst kommt das eine, dann das andere. Zunächst also vermeintlich die Funktion, dann die Form. Architektinnen und Architekten degradieren sich damit zu bloßen Ausführungsgehilfen eines Vorgangs, der nur noch aus den Dingen selbst herausgekitzelt werden muss, letztlich aber einem in sich völlig logischen Prozess entspricht und somit keinerlei gestalterischen Anspruch mehr hat. Wenn denn den Dingen eine innere Struktur inhärent ist und das Ausfindigmachen ihrer selbst *wenig oder nichts zu tun hat mit der Erfindung interessanter Formen noch mit persönlichen Neigungen*, was tun Architekten denn dann? Die Geburtshilfe einer Hebamme scheint vor diesem Hintergrund eine ernst zu nehmendere Aufgabe.

Wer um die Schwierigkeiten von Schwangerschaft und folgender Geburt weiß, um die Gefahren, die dem ungeborenen wie frischgeborenen Leben drohen, weiß, welch heikle Mission eine solche ist. Die Wahrheit ist aber auch die, dass Architekten weit mehr tun, als *nur* die Geburt einer Form aus einer Funktion zu begleiten. Architektinnen und Architekten finden nur eben höchst subjektive, genau auf Ort, Aufgabe sowie die Vorlieben der Auftraggeber wie der eigenen abgestimmte Lösungen.

Christopher Alexander findet im Nachgang der Postmoderne mit seinen Ideen, die in der *Pattern Language* gipfeln, zu Sullivans Ideen zurück und damit zu einem subjektiven Zugang zu Raum und Form. Für ihn ist Architektur wieder *Teil der Natur*, die sich in *nicht zu benennenden Qualitäten* niederschlage. Entsprechend ist seine *Pattern Language* eine suggestive Sammlung von für ihn prototypischen Raumsituationen und kein weiterer Versuch einer Objektivierung von Formen. Zwar versucht er mit seiner Sammlung eine

Art Anleitung zu geben, die Sprache, die seine *Muster* oder *Vorlagen*, Pattern, sprechen, ist jedoch eine räumliche und keine formenbasierte.

Peter Blake

Peter Jost Blach *1920 – †2006
US-amerikanischer Architekt und Autor

„Form Follows Fiasco.“

Peter Blake: Form Follows Fiasco.
Why Modern Architecture Hasn´t Worked, Boston/Toronto 1977

Was für die deutsche Rezeption der Nachkriegsarchitektur das Buch *Die Unwirtlichkeit unserer Städte* des Psychoanalytikers Alexander Mitscherlich ist, sind für den angelsächsischen Raum Colin Rowe und Fred Koetter. Mitscherlich kritisiert die mutwilligen Zerstörungen jener gewachsenen Strukturen, die den Zweiten Weltkrieg überstanden hatten, durch die Architekten, die sie durch funktional sauber getrennte Stadtbereiche ersetzten. In ihrem Aufsatz *Collage City* von 1975 zeigen Rowe und Koetter ein Foto der Sprengung eines der Wohnblöcke der Großwohnsiedlung Pruitt-Igoe in St. Louis, Missouri, und machen sie damit zum Sinnbild dessen, was Peter Blake umschreibt, indem er fragt, *warum moderne Architektur nicht funktioniert hat*. Funktionieren ist hier das Aufgehen der gesellschaftlichen Ideen durch die Architektur der Moderne. Doch statt einer neuen, friedlichen Gesellschaft durch eine neue Architektur folgt dieser neuen Form für Blake nur ein Fiasko.

Abriss eines der Gebäude des Pruitt-Igoe-Komplexes, St. Louis, Missouri (USA)

Zweck

Es ist müßig, darüber zu diskutieren, ob sich das vermeintliche oder tatsächliche Fiasko durch die Fokussierung auf die Form in der Nachfolge Sullivans hätte vermeiden lassen oder nicht. Interessanter erscheint es, die Möglichkeiten aufzuzeigen, den Begriff der Funktion hier eben nicht als rein technischen anzusehen und auf die durch die Übersetzung von Sullivans *Function* entstandene Unschärfe zwischen den Begriffen Funktion und Zweck hinzuweisen.

„Funktionen sind etwas, das bereits wahrnehmbar geschieht. Die Wahrnehmbarkeit ist eine notwendige Bedingung für Funktionen.“

Johannes Lang

*1980
Gestaltungstheoretiker und Philosoph

Johannes Lang, Gestaltete Wirklichkeit.
Eine Theorie der Gestaltung, Weimar/Berlin 2019, S. 141

In seiner 2019 an der Bauhaus-Universität Weimar vorgelegten Dissertation *Gestaltete Wirklichkeit. Eine Theorie der Gestaltung* macht der Gestaltungstheoretiker und Philosoph Johannes Lang diese notwendige Unterscheidung: *Gebrauchsgegenstände haben nicht die Funktion, eine Funktion zu erfüllen, das wäre tautologisch, sondern Gebrauchsgegenstände haben den Zweck zu funktionieren, und wenn sie funktionieren, erfüllen sie nicht eine Funktion, sondern erfüllen einen Zweck. Das Erfüllen eines Zwecks ist die Funktion eines Gebrauchsgegenstandes, und wenn sie einen Zweck nicht erfüllen, haben sie eben bloß einen Zweck und keine Funktion.* Lang verbildlicht das mit einem Schraubendreher, der den Zweck hat, Schrauben ein- oder auszudrehen. Diesen Zweck hat der Schraubendreher immer, unabhängig davon, ob wir ihn benutzen oder nicht. Die Funktion hat er jedoch nur in genau den Momenten, in denen wir ihn benutzen, er funktioniert und damit seinem Zweck gerecht wird. Diese notwendige Bedingtheit des einen Begriffs durch den anderen macht es uns so schwer, sie voneinander zu trennen. Schließlich bleibt der Zweck nicht einfach Zweck, sondern wird zur Funktion. Für Johannes Lang ein *genetischer Zusammenhang*. Und so ist eine *Zweckentfremdung* eigentlich eine *Zweckentdeckung* und somit eine *Funktionsänderung*. Übertragen auf den Schraubendreher beispielsweise besteht eine mögliche Zweckentdeckung darin, dass sich mit ihm auch Bierflaschen öffnen lassen. So ist ein zum Flaschenöffner umfunktionierter Schraubendreher im ursächlichen Sinne funktionslos. Dennoch haben wir es hier, beim Öffnen der Flasche, mit einem Zweck zu tun, mit dem Denken einer möglichen Wirkung, die nichts mit der bereits existierenden Funktion zu tun hat.

Vor diesem Hintergrund sind ausgerechnet eine Vielzahl jener Bauten funktionslos, die von ihren Erschaffern funktional benannt wurden. Nur wenige Beispiele aus jener Epoche sind tatsächlich einem Zweck untergeordnet und funktionieren auch, wenn es zu einer Zweckentdeckung und Funktionsänderung kommt. Kirchen oder Bürohäuser der Vor- und Nachkriegsmoderne lassen sich, das zeigen aktuelle Beispiele, ohne Weiteres zu Wohnhäusern umfunktionieren. Ehemalige Kaufhäuser werden zu Kreativzentren, Kirchen zu Kunstgalerien. Das Bauhausgebäude von Walter Gropius ist ein Museum, seine Meisterhäuser werden ebenfalls museal und mit Büros genutzt. Die Krefelder Wohnhäuser Esters und Lange von Mies van der Rohe? Museen. Folgte man den Ausführungen von einer der Funktion innewohnenden Logik, der die jeweiligen Architekten nur zu ihrem formalen (und räumlichen) Ausdruck verholfen haben – eigentlich ein Ding der Unmöglichkeit.

Ludwig Mies van der Rohe,
Haus Esters,
Krefeld 1927–1930

Verhüllungen

In diesem Sinne aber gibt es auch tatsächlich funktionale Architektur. Nämlich die, die für einen konkreten Zweck entwickelt wurde und vor allem oder gar ausschließlich diesem Zweck dienlich ist, also funktioniert. Einige Bauten aus dem Oeuvre des Dresdner Büros Knerer und Lang Architekten gehören ohne Frage dazu. Dabei ist es kein Widerspruch, dass diese Architekturen jeweils einen ganz individuellen räumlichen und formalen Ausdruck finden. Im Gegenteil: Es spricht für die Ernsthaftigkeit, mit der aus einer konkreten Aufgabe heraus gestaltet wird.

Da ist zum Beispiel das *Tagungszentrum der Messe Dresden*, das Eva Maria Lang, Thomas Knerer und ihr Team zwischen 2007 und 2009 realisieren konnten. Der unprätentiöse Bau schiebt sich wie ein Symbiont in das bestehende Gefüge des ehemaligen städtischen Vieh- und Schlachthofs, der heutigen Messe. Das Ensemble von Hans Erlwein aus den Jahren 1906 bis 1910 besticht bis heute durch seinen eigenwilligen Heimatschutzstil, der sich der damaligen Mode des Jugendstils nicht entziehen kann. Für den neuen Symbionten im Ostra-Gehege gilt die genannte Beschreibung des Funktionalen mit Einschränkung. Der Bau fügt sich in Farbe wie Höhe in die umgebende Struktur ein, zeigt sich in seiner Kubatur, durch sein Oberflächenmaterial und seine Öffnungen aber deutlich als Kind seiner Zeit. Die Metallverkleidung der Fassade, im immer gleichen Tafelformat um das Haus gelegt, nimmt das Rotbraun der Dächer des Erlweinschen Schlachthofs im Grundton auf, übertrumpft die umliegenden Trauflinien an keiner Stelle und verzichtet doch darauf, sich dem Bestand in irgendeiner Art anzubiedern. Dabei dockt der Neubau an drei Stellen an die alten Hallen an und, ihnen gegenüberliegend, ein weiteres Mal an das ehemalige Hotel der Viehverkäufer. Dazu öffnet sich das Haus im Osten zum Messering am ehemaligen Hauptzugang und gen Westen zum Parkplatz, der an den aktuellen Haupteingang der Messe angrenzt. Zwei Tagungsräume, die zu einem großen Saal verbunden werden können, und WC-Anlagen bilden die neuen Räumlichkeiten. Wesentlich ist aber der alles bindende Verbindungsraum, der, einem langen und lichten Korridor gleich, von West nach Ost spannt, mit Auslegern nach Nord und Süd die Bestandsbauten kontaktiert und dabei immer wieder den Blick nach draußen auf das durch- und umgrünte Erlwein-Ensemble zulässt.

Tagungszentrum
der Messe
Dresden

Ein neues Haus ganz in Rot verbindet die ziegelgedeckten Hallen des alten Schlachthofes von Hans Erlwein von 1910.

Siehe Seite 114

Wo bei diesem Projekt im Norden der Dresdner Friedrichstadt eine Umnutzung und damit eine Zweckerweiterung im Rahmen einer möglichen Restrukturierung des Gesamtensembles sogar noch vorstellbar ist, erscheint das bei zwei weiteren Dresdner Projekten des Büros kaum denkbar.

Das *Zentrum für Energietechnik*, gebaut zwischen 2008 und 2011 auf dem Campus der TU Dresden in der Südvorstadt, ersetzt ein 2005 abgerissenes Kraftwerk. An den Vorgängerbau erinnert bis heute der alte, rund 40 Meter hohe Kamin, der auch dem Neubau zur Rauchgasableitung dient. Der Bau erscheint gleichermaßen homogen wie vielschichtig. Deutlich in vier horizontal lagernde Schichten gegliedert, ist das gesamte Haus von einem Kleid aus braunen, vertikalen Lamellen umhüllt, das je nach Schicht immer wieder leicht aus der orthogonalen Grundrissordnung ausbricht. Diese Verhüllung macht die Vielfältigkeit darunter erst zu einem Ganzen, lässt sich je nach Lichtstand als Schatten spendendes Element für die dahinter liegenden Fenster weiter öffnen oder schließen. Auch künftig könnten, sollte der Bedarf bestehen, weitere Öffnungen in die tragende Stahlbetonhülle gebrochen werden – die Grundruhe dieser in ihrem bräunlichen Schimmer an den Farbton von Schilfgräsern erinnernden Architektur wäre nicht gestört. Dieses und die beiden am deutlichsten ins Auge springenden äußeren Merkmale machen deutlich, wie sehr dieses Gebäude formal und räumlich jenen Zwecken folgt, für das es ursächlich erdacht und gebaut wurde. Die Südfassade des vermeintlichen zweiten Stockwerks zeigt eine große Öffnung. Was wie ein Fenster mit asymmetrischen abgeflachten Laibungen wirkt, birgt tatsächlich den Ansaugstutzen des dahinter liegenden Windkanals. Die Photovoltaikmodule des oberen Viertels ebendieser Südfassade finden sich auch auf den Sheddächern – hier werden die Potentiale solarer Energie erprobt. Wie eben das ganze Gebäude der Forschung dient: Energieversorgung, Thermodynamik, Strömungsverhalten, Verbrennung und Vergasung alternativer Brennstoffe. All das und einiges mehr kann hier erprobt werden – unter anderem mit einer gewaltigen Gasturbine.

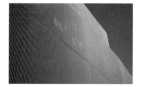

Zentrum für Energietechnik TU Dresden

Ein technischer Lamellenvorhang fasst die komplexe Form zusammen und vermittelt dem Betrachter je nach Blickwinkel und Sonnenstand ein unterschiedliches Bild von der Kubatur des Hauses.

Siehe Seite 120

Dieser technische Kern des Hauses wird durch zwei Fenster in der Ostfassade ungeschönt offengelegt: Der rund 15 Meter hohe, zentrale Versuchsraum wird erhellt durch ebenjene Sheddächer; Rohre, Leitungen, Stege, Ventile und dergleichen dominieren das Bild. Die Anlage ist, was sie ist: Aus rein technischen Notwendigkeiten entstanden, findet sie in diesem Raum eine schützende Hülle. Stahltreppen und -stege machen die Apparatur und die notwendigen Messkabinen zugänglich. Unterhalb der beiden Fenster fällt das Gelände deutlich gen Norden ab und lässt die Untergeschosse sichtbar werden, die zur Versorgung des Hauses dienen und unter anderem die Umkleidekabinen aufnehmen.

Die gegenüberliegende Westseite des Forschungsbaus grenzt an den Altbau. Die Architekten haben hier die Erschließungszone des Hauses untergebracht, die neu und alt wie eine Fuge auf der gesamten Gebäudelänge gleichermaßen verbindet wie trennt. Durch die großzügigen verglasten Öffnungen im Dach lichtdurchflutet, machen einläufige Treppen die unterschiedlichen Ebenen von Alt- und Neubau zugänglich. Was auf den Grundrisszeichnungen noch als klarer Schnitt zwischen Neu und Alt zu lesen sein könnte, wird in der Außenansicht vom alles umfangenden Lamellenkleid zu einem Großen und Ganzen homogenisiert. Die braune Farbe der teilweise beweglichen Lamellen taucht auch im Innenraum auf, etwa als Fußbodenbelag im Treppenhaus. Außerdem korrespondiert die Farbe erstaunlich gut mit den umliegenden Bauten, die aus der Vorkriegszeit stammen und gemauert oder aus der Nachkriegszeit und verputzt sind. Was sich als Bild zwischen Rostrot, Ocker und Grau zeigt, findet seine moderne Entsprechung in der Farbe des Zentrums für Energietechnik, das durch seine Materialität gleichzeitig deutlich macht, aus welcher Zeit es stammt.

Ebenfalls in Dresden ist zwischen 2010 und 2014 das *Technikum Fahrzeugtechnik der Hochschule für Technik und Wirtschaft (HTW)* entstanden. Von der Fritz-Löffler-Straße aus kommend, bildet das Gebäude eine Art Schlussstein des HTW-Campus. Das Umfeld ist von seriell vorgefertigten Bauten und einigen halbgaren Versuchen einer Verdichtung dieser baulichen Struktur aus der Nachwendezeit geprägt. Entsprechend wohltuend ist die selbstbewusste Ruhe, mit der sich der in weiten Teilen zweigeschossige Baukörper des Technikums in diesem heterogenen Umfeld präsentiert. Die Gebäudekubatur mit den präzise addierten Geometrien aus rechtwinkligen Quadern und Vierteltonnensegmenten erinnert durch die genietete Metallbekleidung selbst an ihren industriellen Vorfertigungsgrad und weist damit auf die Nutzung des Hauses als Einrichtung der Erforschung von Fahrzeugtechnik in Wirtschaft und Wissenschaft hin. Die Tragstruktur des Gebäudes entspricht der notwendigen Aufteilung des Grundrisses, die Stützen transportieren diesen Rhythmus in die Vertikale und lenken ihn analog der sich aus den Vierteltonnen ergebenden Radien von der Wand in das Dach, wo sie als Unterzüge ebendieses tragen.

Im Erdgeschoss finden sich Messstände und Testanlagen, die durch große Tore mit der kleinen Teststrecke des Außengeländes verbunden sind. Die dafür nötigen Räume sind teils zweigeschossig, teils mit Wartungsgruben, Kranbahnen und Hubbühnen ausgestattet. Ergänzt werden sie durch die technisch notwendigen Anräume, WC-Anlagen und einen eigenen Vorlesungssaal. Hier wie im Foyer kommt ein sattes Orange als Kontrast zum sonst vorherrschenden hellgrauen Stahlblau ins Spiel. Das Ergebnis ist ein durch Flure klar gegliederter dreiteiliger Grundriss, der seine Entsprechung in den aufgehenden Bauteilen findet: zur Uhlandstraße hin der zweigeschossige Bereich, der mit Vorlesungs- und Seminarraum sowie Foyer, Treppe und Toiletten einer universitären Teilöffentlichkeit gewidmet ist. In der Mitte des Hauses finden sich eingeschossige Räume mit Messständen, die durch Oberlichter Tageslicht erhalten und von den wiederum zweigeschossigen, an Werkhallen erinnernden Räumen auf beiden Seiten gerahmt werden.

Technikum für Fahrzeugtechnik der Hochschule für Technik und Wirtschaft Dresden (HTW)

Das Technikum strahlt Offenheit und Innovation aus und gibt der Fakultät für Fahrzeugtechnik ein unverwechselbares Image, das bewusst Assoziationen zu Fahrzeug- und Maschinenteilen hervorruft.

Siehe Seite 128

Auch der Bau des *Wertstoffhofs und Straßenreinigungsdepots Nord* in Augsburg (2013–2016) ist solch ein Beispiel für die Art und Weise, wie Eva Maria Lang und Thomas Knerer mit Verhüllungen technischer Notwendigkeiten Architekturen entstehen lassen, die mehr sind als nur Objekte reiner Rationalisierung. Betrachtet man den Grundriss des in Augsburg-Oberhausen unmittelbar an der B17 gelegenen Objekts, so scheint dieser als rein rationale Aneinanderreihung aller im Raumprogramm geforderten Flächen gedacht zu sein: Es finden sich Räume für Verwaltung und Personal – von Büros und Teeküche über Gemeinschafts- und Aufenthaltsräume hin zu Umkleiden und Duschen –, Fahrzeughallen, Materiallager, Hallen für Schütt- und Streugut sowie überdachte Bereiche für die Sammelstellen der Wertstoff-Container. Mit Blick auf die dazugehörigen Schnittansichten erscheint die Höhenentwicklung der Grundrissflächen ebenso logisch konsequent. Bewährte Raumhöhen im zweigeschossigen Personaltrakt, die Decken der Fahrzeughallen so, dass alle Vehikel der Straßenreinigungsflotte hier unterkommen, die Hallen für das Streugut dagegen so, dass die Mulden der Kipper ohne Probleme auf- und wieder herabgeklappt werden können.

Wertstoff- und Straßenreinigungsdepot Augsburg

Heute wird getrennt, recycelt, wiederverwertet und vor allem nicht mehr deponiert. Die Abfallwirtschaft hat in den letzten Jahren einen neuen Stellenwert bekommen und setzt sich in neuem expressiven Gewand selbstbewusst in Szene.

Siehe Seite 134

Vor Ort, zwischen Schnellstraße, Fitness-Center, Rettungsdienststelle und Minikranverleih im Augsburger Nordwesten aber zeigt sich ein anderes Bild. Von der Straße aus wirkt der Bau dunkel und verschlossen. Dunkelgraue Lärchenhölzer bilden eine vertikale, der auf- und abschwingenden Dachlandschaft folgende Struktur, die sich wie ein Vorhang um die gesamte Außenseite des Wertstoffhofs zieht und dabei auch einige Öffnungen überspielt. Klare Ausnahme sind die Fenster des Personaltrakts. Sie sind so angeordnet, dass aus vielen Räumen sinnvolle Blickbeziehungen möglich werden, sich aus dem Sekretariat beispielsweise Zufahrt und Wertstoffcontainer ohne Weiteres im Auge behalten lassen. Schon von der Einfahrt aus offenbart sich das Innere des großen Hofs, dessen Grundrissfigur ein asymmetrisches U bildet. Anders als das dunkle Grau der holzbekleideten Fassade zur Stadt bilden gekantete Metallbleche in Otl Aichers Olympiablau die nach innen gewandten Außenfassaden. Das Orange von Fahrzeugen und Arbeitskleidung der Straßenreinigung bildet dazu einen wunderbaren Kontrast. Weil der Bau konsequent der maximalen Bebauungslinie des

Grundstücks folgt, die für verschiedene Zwecke notwendigen Räume aber unterschiedlich tief sind, zeigt sich hier die ganze Unregelmäßigkeit des Hauses, dessen raumbildende Gebäudekanten in drei Dimensionen vor- und zurückspringen. Wie gut all das räumlich und funktional funktioniert, macht ausgerechnet die Ausnahmesituation im Rahmen der Corona-Pandemie im Frühjahr 2020 deutlich: Mit Mülltonnen und Flatterbändern ist auf dem Hof ein genauer Parcours abgesteckt, der den Kunden und Kundinnen den Weg zu den jeweiligen Abladestellen weist, den weiteren Betrieb mit An- und Abfahrten der verschiedenen Straßenreinigungsfahrzeuge aber nicht beeinträchtigt.

Wo in den Hallen Ortbeton und Betonfertigteile vorherrschen – teils vor den Salzen geschützt durch Holzverschalungen –, sind auch die Innenräume des Personaltrakts angemessen detailliert gestaltet. Licht und offen präsentieren sich sowohl die Büros als auch die Aufenthaltsbereiche der Mitarbeiter. Ein räumliches Angebot, das offenkundig angenommen wird, wie vor Ort festzustellen ist.

Wenn Thomas Knerer nun sagt, ihn haben schon immer jene Architekturen in besonderer Art interessiert, bei denen Raum und Form Ergebnisse solcher oder vergleichbarer Sachzwänge seien, so ist das auf zwei Ebenen bemerkenswert. Zum einen, weil es nicht viele Architekten gibt, die ihre Freude an solchen Bauaufgaben öffentlich machen, ja, derlei Zwänge gar als unverhältnismäßige Einschränkungen erleben. Bemerkenswert ist es auch, weil Eva Maria Lang, Thomas Knerer und ihre jeweiligen Projektteams aus diesen zweckgebundenen Zwängen stets hochgradig individuelle Architekturen entwickeln. Dabei weisen die Projekte auf architektonischer Ebene Parallelen zu den Arbeiten des Künstlerpaares Christo und Jean-Claude auf.

Die Idee, eine *Erkenntnis durch Verfremdung* hervorzurufen, ist elementar für die Kunst des am 31. Mai 2020 in New York verstorbenen Künstlers und seiner Frau. Stets ging es Christo und Jeanne-Claude um ein Sichtbarmachen durch das vermeintliche Unsichtbarmachen. Erst durch die Verhüllung gerieten die Objekte in den Fokus der Betrachtung. Schon bei den frühen, kleinen Objekten war das so: Die Form profaner und alltäglicher Dinge wurde durch ihre Verhüllung ins Bewusstsein gerufen, die Fantasie der Betrachterinnen und Betrachter angeregt. Die ersten Verhüllungen waren noch straff geschnürte Pakete, die ihren Inhalt durch ihre Umrisse recht schnell erkenntlich machten. Doch mit der Zeit wurden Christos Bekleidungen loser, die Erscheinung des Inhalts so wenigstens in Teilen verfremdet und geheimnisvoller.

Was genau Jeanne-Claude und Christo dabei eigentlich im Schilde führten, ob und wenn ja was sie damit jeweils konkret *aussagen* wollten, haben sie stets im Vagen gelassen. Doch gerade deshalb wurden ihre Arbeiten kontrovers diskutiert – zumal bloße Schönheit dem Kunstbetrieb regelmäßig suspekt zu sein scheint –, fanden sich mannigfache, auf den jeweiligen Ort der Arbeit angewandte Interpretationsmöglichkeiten. Die wenigsten davon zwingend, viele dennoch passgenau.

Die vier hier benannten und aus reinen Notwendigkeiten entstandenen Gebäude von Knerer und Lang sind auf analoge Art und Weise zu lesen. Sie sind absolute räumliche wie formale Folgerichtigkeiten und gleichzeitig individuelle Objekte, die der Interpretation der Aufgabe durch das Team der Architekten entstammen. Eine Interpretation, die eben nicht in einer Art und Weise objektivierbar ist, wie das Ludwig Mies van der Rohe dereinst von Architektur behauptete. Die Art ihrer Verhüllungen macht die Gebäude zu jeweils bemerkenswert guter Architektur im Gegensatz zu jenen Bauten, die auf eine solch subjektive Interpretation in der Anordnung der Räume und ihrer Bekleidung verzichten. Gerade weil sie eben nicht rein rational schematisch entwickelten, strukturellen Bedingtheiten folgen, sind diese Projekte in dem Sinne hochgradig funktional, als sich alles in ihnen dem Zweck unterordnet, dem sie dienen sollen. In dieser Hinsicht stehen die vier angeführten Häuser in einer direkten Linie dessen, was Louis Sullivan einst über Form und Funktion schrieb. Die Formen, die Eva Maria Lang und Thomas Knerer für die Funktionen gefunden haben, denen die Bauten in den Momenten dienen, da sie in Benutzung sind, sind gerade durch ihre aus diesen Notwendigkeiten entwickelten Zwecke funktional. Die Art und Weise, wie Lang und Knerer dabei diesen Kern der eigenen Projekte mit verschiedenen Bekleidungen verhüllen, verschleiert all das nicht, sondern macht es erst sichtbar.

Tagungszentrum der Messe Dresden

Die Fassade trägt nicht nur sich
selbst, sondern auch Teile der
Dachkonstruktion. Erst auf den zweiten
Blick bemerkt man das Fehlen
einer schweren Betonkonstruktion.

Zentrum für Energietechnik Dresden

TU
Campus
Dresden
Südvorstadt

Fotos: JENS WEBER

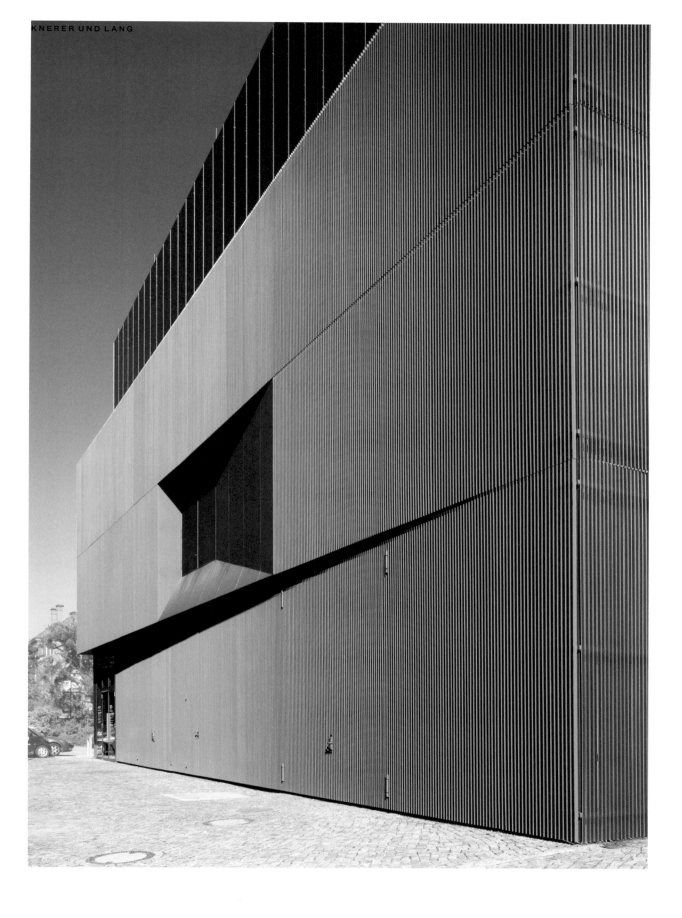

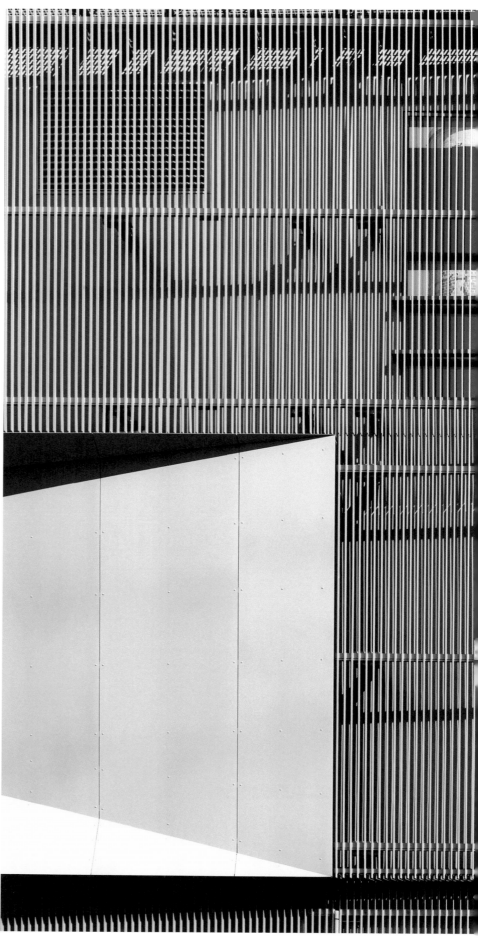

Im Inneren des Gebäudes
befinden sich verschiedene
Experimentierkraftwerke.

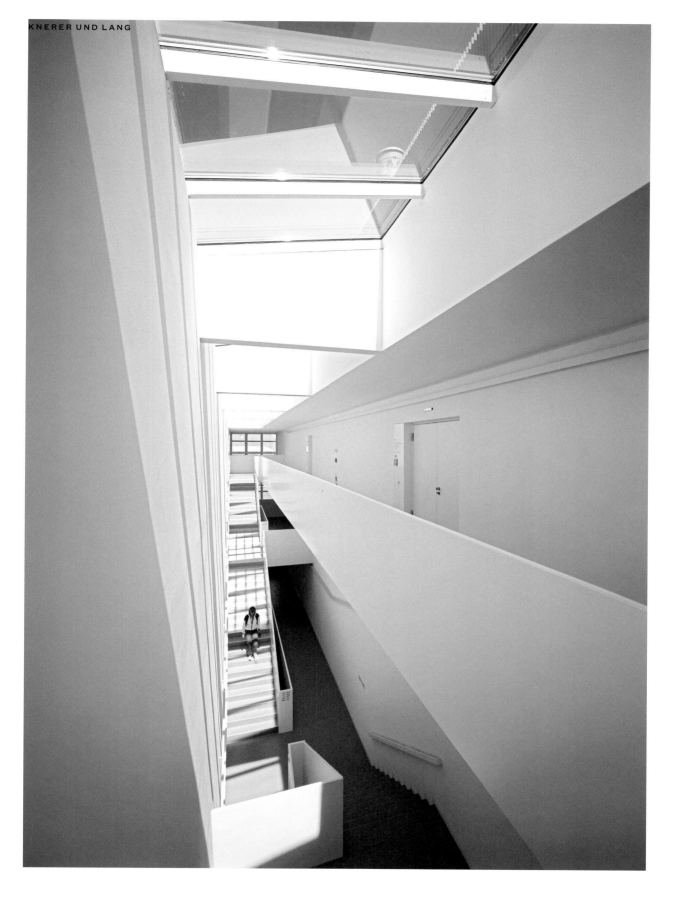

Technikum
Fahrzeugtechnik

der Hochschule für Technik und Wirtschaft

Fotos: JENS WEBER

HTW

Wie ein polierter Motorblock schimmert die Fassade des Technikums.
Große Schaufenster erlauben dem
Institut, seine Forschungsergebnisse
auszustellen.

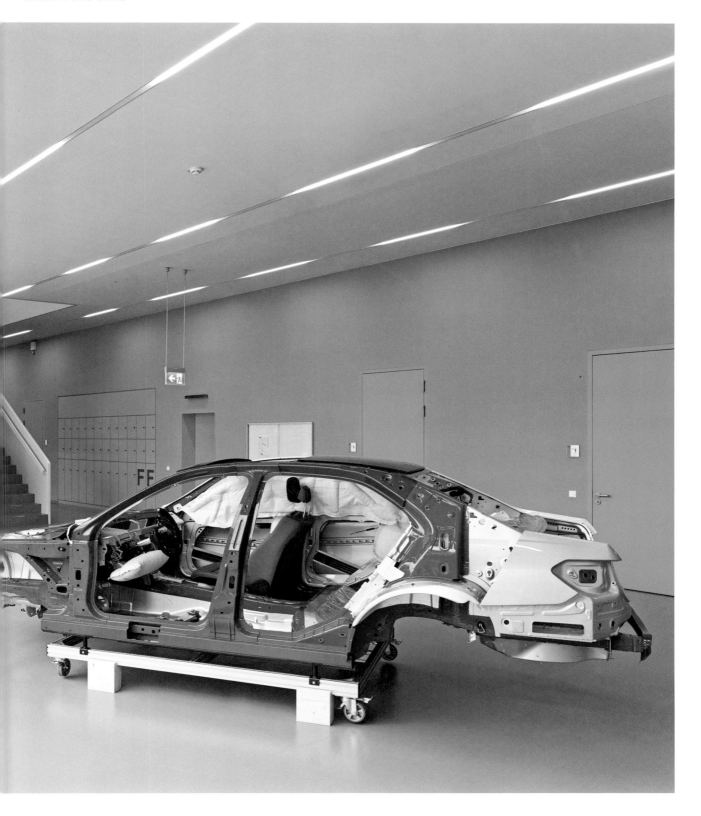

In den großen Werkstätten
kann direkt am
Fahrzeug gelehrt werden.

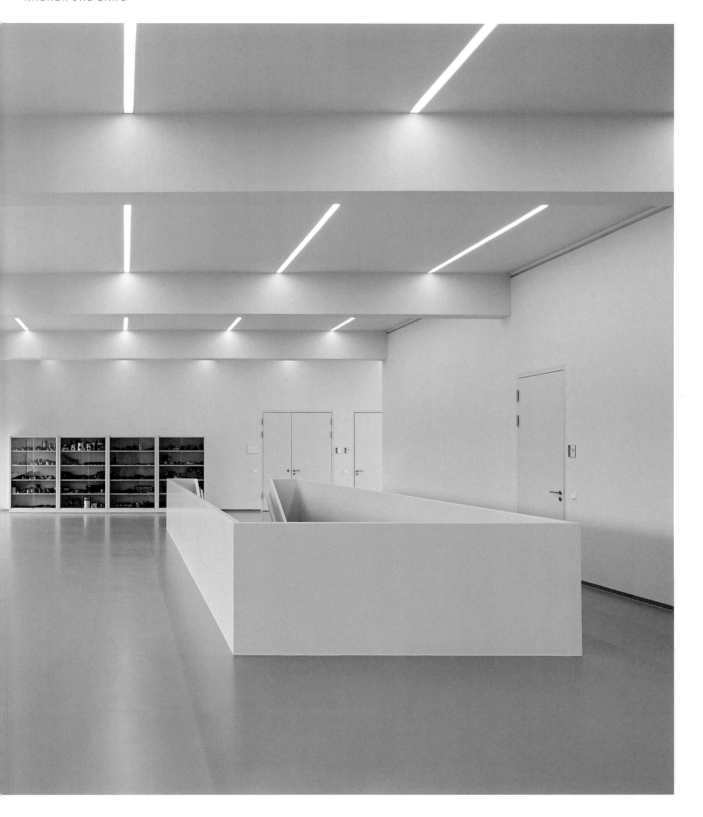

Wertstoffhof und Straßen-reinigungsdepot Nord

Fotos: JENS WEBER (Architektur)
ORLA CONNOLLY (Portraits)

Augsburg

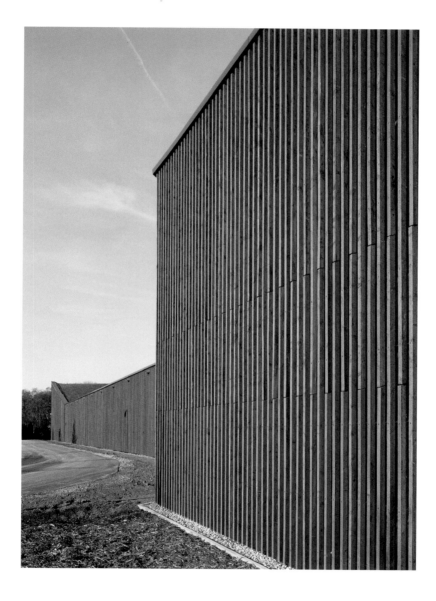

DEUTS

REISE
DURCH
CHLAND

Illustration: Jan Feindt

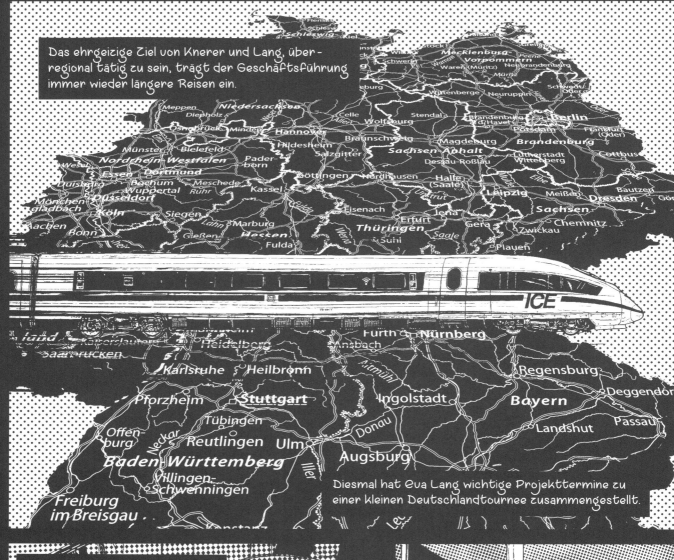

Das ehrgeizige Ziel von Knerer und Lang, über-
regional tätig zu sein, trägt der Geschäftsführung
immer wieder längere Reisen ein.

Diesmal hat Eva Lang wichtige Projekttermine zu
einer kleinen Deutschlandtournee zusammengestellt.

Start der Reise ist in Hamburg ...

Knerer und Lang konnte dort einige Projekte
im Rahmen der Internationalen Bauausstellung
realisieren.

Unsere Architektin soll dort ...

IBA_HAMBURG

Internationale Bauausstellung

... im IBA-Rahmenprogramm
Schweizer Architekten ...

... durch die Projekte von Knerer und Lang führen.

... die Kollegen staunen auch
über die Bausumme ...

... weil in der Schweiz wohl alles doppelt
so teuer geworden wäre.

Und für das Honorar hätte man in der
Schweiz den Stift nicht einmal in
die Hand genommen, berichten sie lachend.

Was soll's, immerhin sind hier sehr präsentab
Häuser im Passivhausstandard entstanden.

Mieter aus der ganzen Welt bevölkern nun die neue Siedlung und
fühlen sich offenbar in den neuen Wohnungen sehr wohl ...

... ein riesiger Dönerladen ist der
neue Treffpunkt im Quartier ...

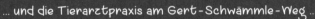

... und die Tierarztpraxis am Gert-Schwämmle-Weg ...

RECEPTION

... hat auch pünktlich ihren Betrieb aufgenommen ... Das ist schön, denn die
Architektin mag Tiere sehr und kann nun beruhigt die Reise fortsetzen.

Das nächste Ziel ist eine Bürgerversammlung in Dresden ...

Die Architekten sollen sich für ihre Planungen am Postplatz öffentlich rechtfertigen.

Es wird eine heftige Auseinandersetzung zwischen unterschiedlichen Gruppierungen erwartet.

Eine Organisation jugendlicher Stadtführer proklamiert, dass ihre Existenz gefährdet sei.

Ohne Nachbauten von Barockbauten lässt sich auf dem Postplatz für diese Leute nichts verdienen ...

„Kein Mensch reist wegen zeitgenössischer Architektur nach Dresden!", ruft einer laut.

Wie schade, denkt die Architektin.

Die Kritiker genießen es sehr, mal wieder Dampf abzulassen. Befürworter der Projekte äußern sich eher selten ... Warum auch, die sind ja zufrieden.

Also ich finde den Postplatz klasse.

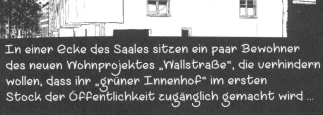

In einer Ecke des Saales sitzen ein paar Bewohner des neuen Wohnprojektes „Wallstraße", die verhindern wollen, dass ihr „grüner Innenhof" im ersten Stock der Öffentlichkeit zugänglich gemacht wird ...

... wie ein paar aufgebrachte Blogger fordern. Die Bewohner wollen das grüne Tal für sich, mit dem das Projekt einst beworben wurde.

Eine Einzelstimme mit Schweizer Akzent kritisiert den unerträglichen Mangel an Weinstuben in Neubauprojekten, andere vermissen zusätzliche Bäume oder wünschen sich ein Gesetz, das Fassadenstuck vorschreibt.

Es ist oft schwierig aus den vielen Anregungen etwas gutes zu gestalten. Immerhin haben die Architekten gerade für den Postplatz eher konservative Entwürfe geliefert.

„Alles schön und gut, aber wo sind unsere Weinstuben?", sagt einer.

Immerhin gibt es im Erdgeschoss des Hotels im Zwingerforum

... eine Bar, die sich auf Gin Tonic spezialisiert hat. Das ist ja schon mal ein Anfang.

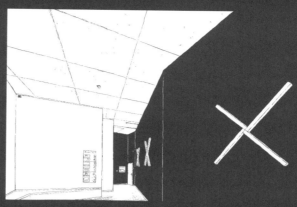

Zum Glück sind nicht alle Stadtgebiete so im Fokus der architekturinteressierten Bürgerschaft wie der Postplatz.

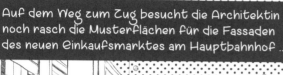

Auf dem Weg zum Zug besucht die Architektin noch rasch die Musterflächen für die Fassaden des neuen Einkaufsmarktes am Hauptbahnhof ...

Die Fassade hat sich gegenüber der Vision des Wettbewerbs verändert. Schließlich hat der Bauherr das letzte Wort in solchen Entscheidungen ... und der wollte es eben nicht ganz so bunt ...

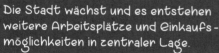

Die Stadt wächst und es entstehen weitere Arbeitsplätze und Einkaufsmöglichkeiten in zentraler Lage.

Das ist wesentlich nachhaltiger als etwa Einkaufszentren am Stadtrand, die nur zusätzliche Versiegelung und extra Verkehrsaufkommen generieren.

Etwas müde und nachdenklich beschließt die Architektin, den Zug erst mal fahren zu lassen ...

ICE

... und noch einen Abstecher an die Elbe zu den „Marina Gardens" zu machen.

Der städtebauliche Entwurf stammt aus Holland, vielleicht deshalb, um mehr Distanz zwischen die Dresdner Protestbürger und die Gestaltung dieses Projektes zu bringen.

Die vier Mehrfamilienhäuser sehen aus wie große Walfische, die in den Elbauen gestrandet sind.

Wie angenehm es sein wird, dort einmal mitten im offenen Garten zu wohnen. Man kann die künftigen Bewohner fast beneiden ...

... zurück zum Hotel am Zwinger.

Am nächsten Tag geht's weiter ...

E.24
Speisesaal

Vorbei an der Jugendherberge in Schöneck ...

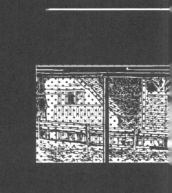

VOM HANDWERK KANN MAN SICH ZUR KUNST ER-HEBEN / VOM PFUSCHEN NIE

Ein kurzer Zwischenstopp in Bayreuth ...

Mit Besichtigung der Baustelle des Friedrichs-Forums.

Auch die Zentrale der Nürnberger Stadtwerke liegt auf dem Weg.

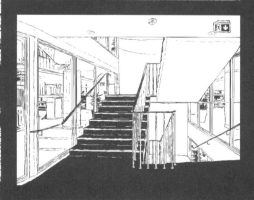

Einige Projekte von Knerer und Lang liegen zwischen Dresden und München, dem letzten Ziel der Reisenden.

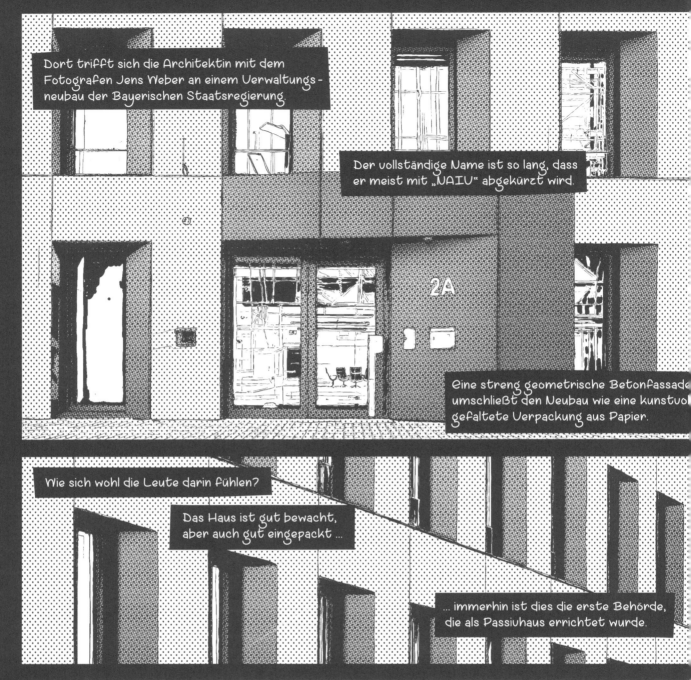

Dort trifft sich die Architektin mit dem Fotografen Jens Weber an einem Verwaltungs- neubau der Bayerischen Staatsregierung.

Der vollständige Name ist so lang, dass er meist mit „NAIU" abgekürzt wird.

2A

Eine streng geometrische Betonfassade umschließt den Neubau wie eine kunstvoll gefaltete Verpackung aus Papier.

Wie sich wohl die Leute darin fühlen?

Das Haus ist gut bewacht, aber auch gut eingepackt ...

... immerhin ist dies die erste Behörde, die als Passivhaus errichtet wurde.

Die Fenster kann man trotzdem öffnen, auch wenn Gerüchte über Passivhäuser das Gegenteil behaupten ...

Architektur ist nicht alles, denkt sich die Architektin ...

... denn direkt über die Straße liegt ein weiteres interessantes Ziel ...

Zeit für einen Munich Mule ...

... in der Goldenen Bar ...

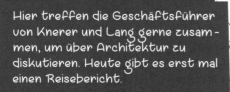

Hier treffen die Geschäftsführer von Knerer und Lang gerne zusammen, um über Architektur zu diskutieren. Heute gibt es erst mal einen Reisebericht.

ARCHITEKTUR-FOTOGRAFIE ABBILD DER REALITÄT

05

Text und Bild: Jens Weber

Mein Kernmetier ist die Architekturfotografie. Ich verstehe sie als eine ästhetische Analyse, als Dekonstruktion der Funktionen von Architektur. Das dreidimensionale Gebäude wird in seine Bestandteile zerlegt, untersucht, in Beziehung gesetzt und in zweidimensionaler Form wieder zusammengesetzt und visuell präsentiert. Architekturfotografie ist nicht nur Impressionismus, reine Reaktion auf Architektur, wie das bei der Fotografie von Architektur der Fall ist, sie muss mehr erfüllen. Neben der Ästhetik der Aufnahmen kommt als essentielle Aufgabe die Frage nach der Funktion des abgebildeten Objektes hinzu.

Drei Faktoren bestimmen das Ergebnis des fertigen Bildes: Standpunkt, Zeitpunkt, Licht
Der Standpunkt ist millimetergenau gewählt, um Verschneidungen, Überschneidungen, Durchblicke in der gewünschten Art und Weise zu erreichen. Der vertikale Ausschnitt wird dabei mit Shiftobjektiven bestimmt, um stürzende Linien zu vermeiden. Dabei bleibe ich der realen Perspektive treu – für mich ein weiterer Unterschied zur Fotografie von Architektur – ich will die Architektur zeigen, wie sie ist. Möchte ich neben parallelen vertikalen auch parallele horizontale Gebäudelinien parallel abbilden, muss ich mich orthogonal zum Gebäude platzieren. Jede Abweichung davon führt zwingend zu einer Fluchtperspektive, die ich akzeptiere und in meine Bildkomposition integriere. Horizontale Perspektiven zu verändern (Shift in horizontaler Richtung), vermeide ich. Mir geht es um die Architektur und die Realität.

Architektur selbst muss dabei keinesfalls spektakulär sein. Ideal ist es, wenn sie präzise gestaltet ist. Mein Ziel ist es, aus jeder Situation ein besonderes Architekturbild herauszuarbeiten.

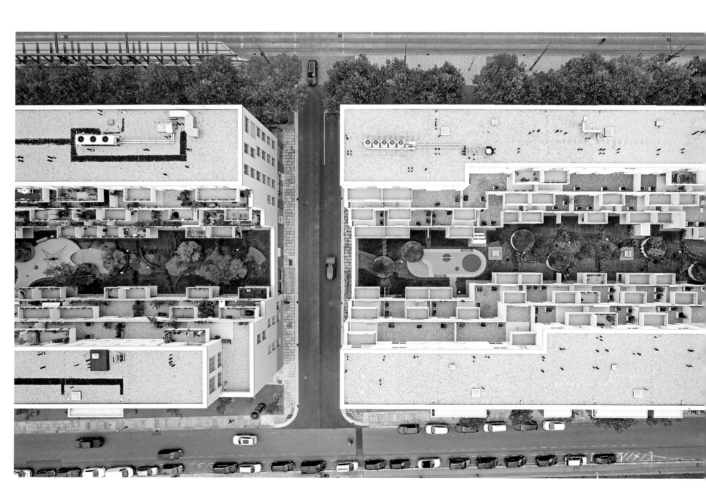

Die Dekonstruktion geschieht für die späteren Betrachter unmerklich. Für diese bilden die zwei-dimensionalen Einzelteile wieder eine Einheit, idealerweise kann ich ihnen, in ästhetischen Bildern, die Architektur erfahrbar machen, die Funktion erklärt sich, selbst ein Gefühl für die Architektur und die Umgebung kann vermittelt werden. Dabei ist jedes Bild für sich komponiert, interessant, le-bendig, informativ. Vor allem für Architekten ist dieses Abbild ein unverzichtbares Werkzeug.

Zeitpunkt und Licht: Der Zeitpunkt ist für die Zukunft planbar, das natürliche Licht entzieht sich allerdings meinem Einfluss, gleichzeitig bestimmt der Zeitpunkt das Licht. So ist der Zeitpunkt immer nachgestellt, das Licht bestimmt … Aber ich muss zum richtigen Zeitpunkt am richtigen (Stand-)Ort sein. Tages- und Jahreszeit, zusätzlich das Wetter haben großen Einfluss auf das Licht und damit auf die Stimmung, Plastizität, Struktur, Form, Textur, Sichtbarkeit, Transparenz, Opazität, Oberfläche, sogar die Größe des Objekts … Die Herausforderung ist, sehr flexibel zu bleiben und, wenn es dem Zweck, dem Bild dient, ein halbes Jahr und länger im Voraus zu planen, im entscheidenden Moment aber spontan zu reagieren.

Jens Weber

Portfolio
1993–2021

Ausgewählte Projekte in Augsburg, Bayreuth, Chemnitz, Dresden, Frankfurt, Garmisch-Partenkirchen, Hamburg, München, Nürnberg, Schöneck

06

ISOMETRIE:

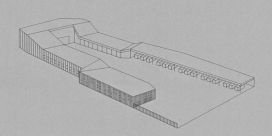

LAGEPLAN:

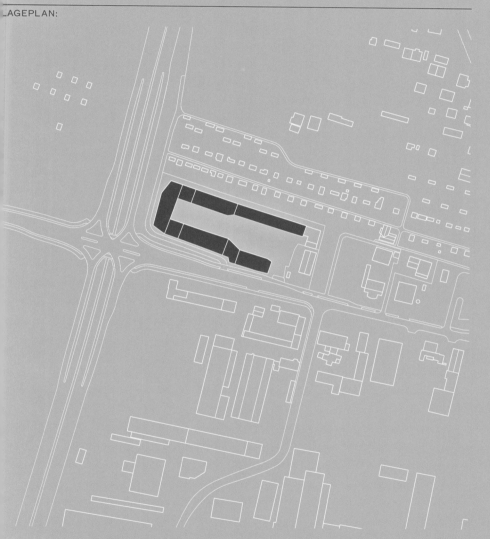

AUGSBURG

Wertstoffhof und Straßen-reinigungsdepot Nord

Neubau

BAUHERR:
Referat für Nachhaltigkeit, Umwelt, Klima und Gesundheit der Stadt Augsburg vertreten durch den Abfall-wirtschafts- und Stadtreinigungs-betrieb (AWS)

FERTIGSTELLUNG:
12/2016

BGF:
5.693 m²

PREISE & AUSZEICHNUNGEN:
- Best architect 18
- Finalist DAM Preis 18
- AIT Award, Kategorie „Industrie", 2. Preis, 2018
- GEPLANT + AUSGEFÜHRT, Auszeichnung, 2018
- Thomas-Wechs-Preis, 2018
- BDA Preis Bayern
- Mies van der Rohe Preis, Nominierung

Am Holzweg 32
86156 Augsburg

Siehe Seite 134

GRUNDRISS:

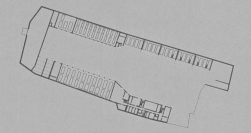

BAYREUTH

Friedrichsforum Kultur- und Tageszentrum

Umbau, Sanierung und Erweiterung

BAUHERR:
Stadt Bayreuth – Hochbauamt

FERTIGSTELLUNG:
2023

BGF:
14.949 m²

Ludwigstraße 31
95444 Bayreuth

ISOMETRIE:

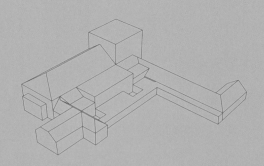

LAGEPLAN:

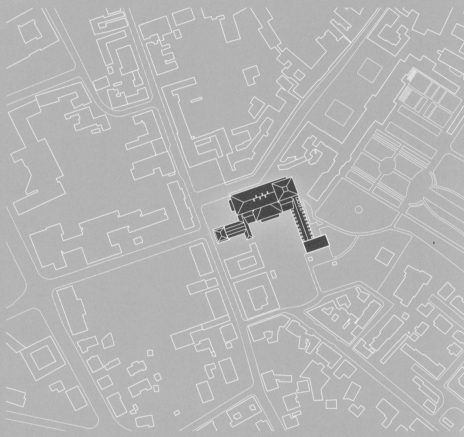

GRUNDRISS:

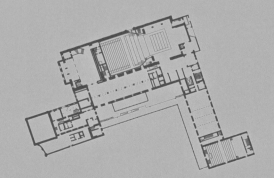

OMETRIE:

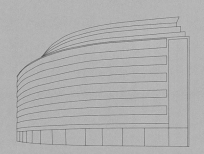

AGEPLAN:

RUNDRISS:

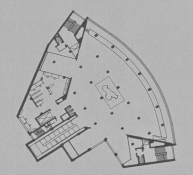

CHEMNITZ

Kaufhaus Schocken

Umbau zum staatlichen Museum für Archäologie

BAUHERR:
PVG GmbH

FERTIGSTELLUNG:
12/2013

BGF:
16.980 m²

PREISE & AUSZEICHNUNGEN:
Deutscher Naturstein-Preis,
Anerkennung
BDA Preis Sachsen, Anerkennung

Stefan-Heym-Platz 1
09111 Chemnitz

Siehe Seite 66

DRESDEN

Annenhöfe
MK4

Neubau
Büro- und Dienst-
leistungsgebäude

BAUHERR:
TLG Immobilien AG

FERTIGSTELLUNG & ERÖFFNUNG:
12/2021

GRUNDSTÜCKSGRÖSSE:
37.040 m²

Freiberger Straße,
Hertha-Lindner-Straße,
Schweriner Straße
01067 Dresden

ISOMETRIE:

LAGEPLAN:

GRUNDRISS:

ISOMETRIE:

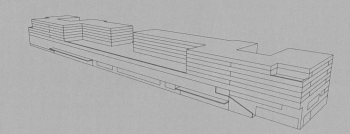

LAGEPLAN:

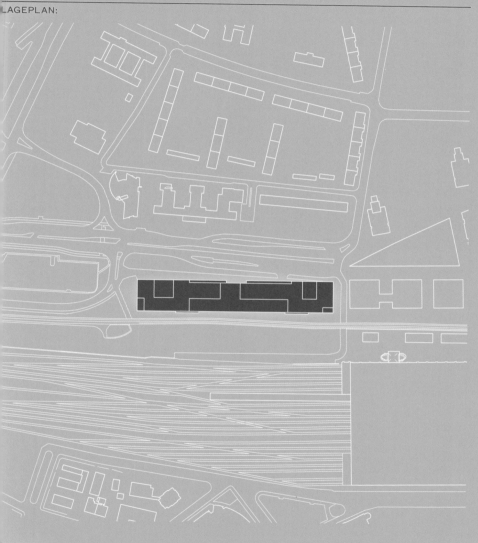

GRUNDRISS:

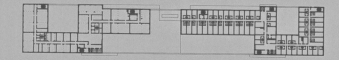

DRESDEN

Simmel

Neubau Geschäfts-, Hotel- und Bürogebäude

BAUHERR:
Simmel Wiener Platz GmbH & Co. KG

FERTIGSTELLUNG:
2022

BGF:
36.597 m²

Wienerplatz 5, 5a
0169 Dresden

DRESDEN

Hauptstraße

Sanierung Wohn- und Geschäftshäuser

HAUPTSTRASSE 10-34
BAUHERR:
WOBA Dresden GmbH

FERTIGSTELLUNG & ERÖFFNUNG:
1999

BGF:
15.600 m²

HAUPTSTRASSE 1A-3A
NEUSTÄDTER MARKT 6-7
BAUHERR:
Wohnbau NordWest GmbH

FERTIGSTELLUNG & ERÖFFNUNG:
2001

BGF:
6.000 m²

HAUPTSTRASSE 4-8
BAUHERR:
WOBA Dresden GmbH

FERTIGSTELLUNG & ERÖFFNUNG:
2002

BGF:
3.111 m²

HAUPTSTRASSE 1
BAUHERR:
WOBA Dresden GmbH

FERTIGSTELLUNG & ERÖFFNUNG:
2004

BGF:
2.412 m²

HAUPTSTRASSE 2
BAUHERR:
WOBA Dresden GmbH

FERTIGSTELLUNG & ERÖFFNUNG:
2005

BGF:
2.412 m²

HAUPTSTRASSE 5-7
BAUHERR:
Florana Grundstücks- und
Immobilienverwaltung KG

FERTIGSTELLUNG:
03/2012

BGF:
8.951 m²

ISOMETRIE:

LAGEPLAN:

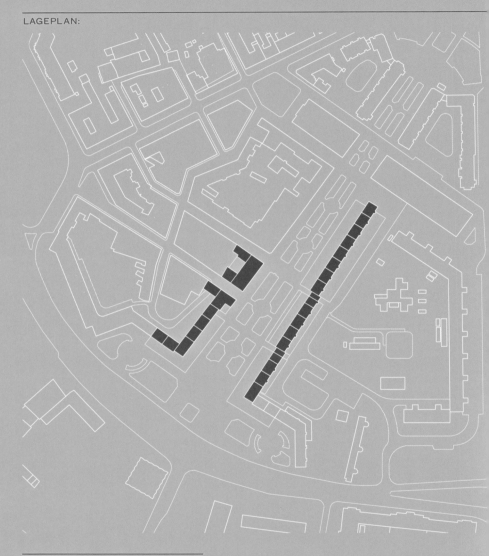

Hauptstraße
01097 Dresden

Siehe Seite 12

ISOMETRIE:

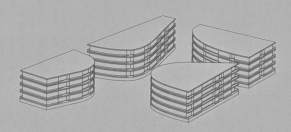

LAGEPLAN:

GRUNDRISS:

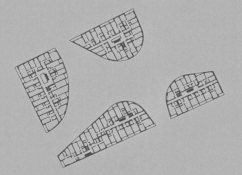

DRESDEN

Marina Gardens

Neubau
Wohngebäude

BAUHERR:
CTR Marina Dresden GmbH

FERTIGSTELLUNG:
2023

BGF:
21.090 m²

Leipziger Straße
010979 Dresden

DRESDEN

Prager Zeile

Sanierung Wohn- und Geschäftsgebäude

BAUHERR:
Gagfah Group GmbH

FERTIGSTELLUNG:
12/2007

BGF:
57.737 m^2

PREISE & AUSZEICHNUNGEN:
- best architect, 2009
- Architekturpreis Zukunft Wohnen, 2009

St. Petersburger Str. 26–32
01069 Dresden

Siehe Seite 22

ISOMETRIE:

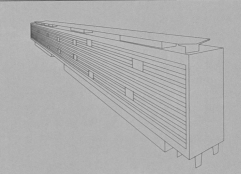

LAGEPLAN:

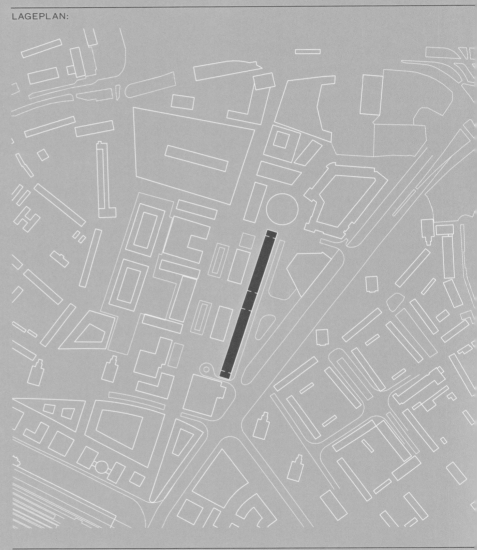

SCHNITT:

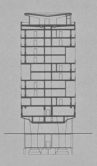

OMETRIE:

AGEPLAN:

OMETRIE:

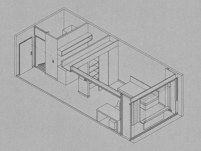

DRESDEN

Studenten-
wohnheim

Sanierung

BAUHERR:
Studentenwerk Dresden

FERTIGSTELLUNG:
02/2007

BGF:
12.681 m²

APARTMENTS:
288

PREISE & AUSZEICHNUNGEN:
– best architects 10,
  Kategorie Wohnungsbau, 2010
– AIT Award, 2012

Hochschulstraße 48
01069 Dresden

Siehe Seite 20

DRESDEN

Tagungszentrum „Börse" Messe

Neubau

BAUHERR:
Messe Dresden GmbH

FERTIGSTELLUNG:
09/2009

BGF:
1.787 m²

Messering 6
01067 Dresden

Siehe Seite 114

ISOMETRIE:

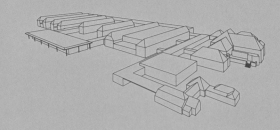

LAGEPLAN:

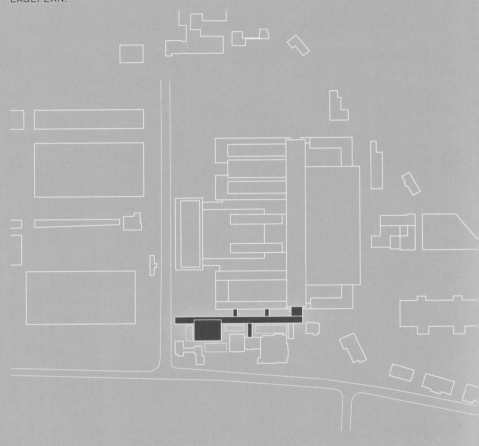

GRUNDRISS:

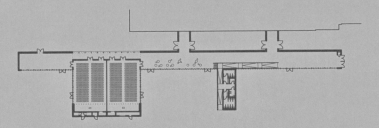

OMETRIE:

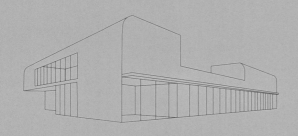

AGEPLAN:

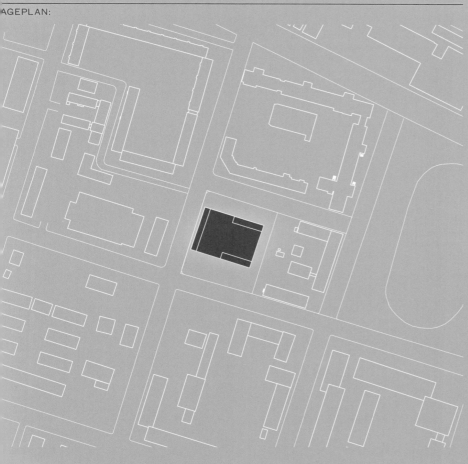

RUNDRISS:

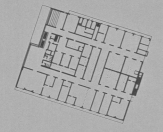 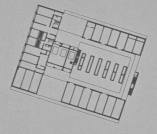

DRESDEN

Technikum für Fahrzeugtechnik HTW Dresden

Neubau

BAUHERR:
Freistaat Sachsen, vertreten durch den Staatsbetrieb Sächsisches Immobilien- und Baumanagement, Niederlassung Dresden II

FERTIGSTELLUNG:
02/2014

BGF:
5.702 m²

PREISE & AUSZEICHNUNGEN:
– German Design Award 2018
– iconic award 2017
– best architects 2017

Uhlandstraße 25
01069 Dresden

Siehe Seite 128

DRESDEN

Wohn- und Geschäftshaus „Wallstraße I + II"

Neubau

ISOMETRIE:

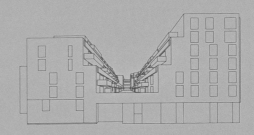

GRUNDRISS:

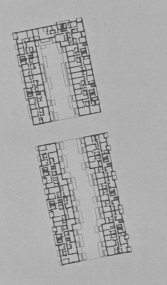

BAUHERR:
BAYWOBAU CTR GmbH & Co.
Wallstraße Zwei KG

FERTIGSTELLUNG:
2020

BGF:
19.550 m²

Antonsplatz 1
01067 Dresden

LAGEPLAN:

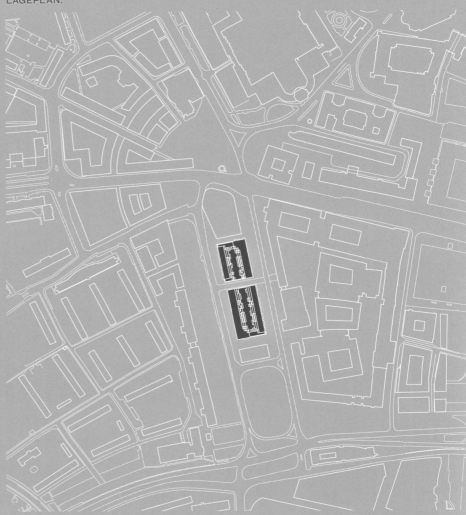

ISOMETRIE:

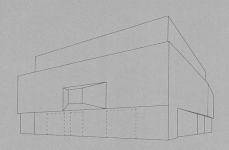

DRESDEN

Zentrum für Energietechnik, TU Dresden

Neubau

LAGEPLAN:

SCHNITT:

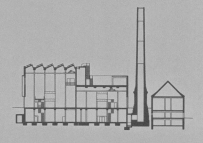

BAUHERR:
Freistaat Sachsen
Staatsbetrieb Sächsisches
Immobilien- und Baumanagement
Niederlassung II

FERTIGSTELLUNG:
07/2011 (Einweihung)

BGF:
4.370 m²

PREISE & AUSZEICHNUNGEN:
- Anerkennung Deutscher
  Fassadenpreis (VHF), 2013
- Special Mention German Design
  Award 2015, 2014
- best architect 12

Helmholtzstraße 10
01069 Dresden

Siehe Seite 120

DRESDEN

Zwinger Forum

Neubau
Büro-, Verwaltungs-
und Hotelgebäude

BAUHERR:
TLG Immobilien GmbH
Niederlassung Süd

FERTIGSTELLUNG:
2013

BGF:
22.728 m²

Am Postplatz
01067 Dresden

ISOMETRIE:

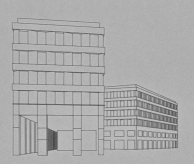

LAGEPLAN:

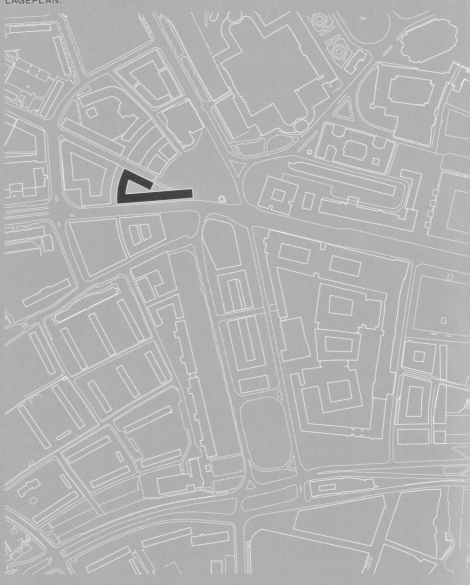

GRUNDRISS:

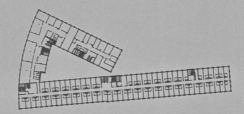

ISOMETRIE:

FRANKFURT

Braubachstraße

Neubau
Wohn- und
Geschäftsgebäude

BAUHERR:
DomRömer GmbH

FERTIGSTELLUNG:
07/2017

BGF:
998 m²

SONSTIGES:
Wohnen, Gastronomie,
Neubau, Passivhaus

Braubachstraße 29
60311 Frankfurt am Main

Siehe Seite 80

LAGEPLAN:

GRUNDRISS:

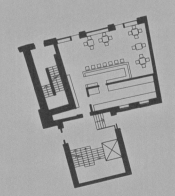
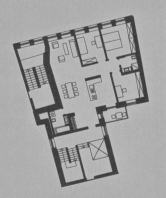

GARMISCH-PARTENKIRCHEN

Berufsschul-zentrum

Sanierung und Erweiterung

BAUHERR:
Bauamt Garmisch-Partenkirchen

FERTIGSTELLUNG:
2021

BGF:
5.620 m²

Am Holzhof 5
82467 Garmisch-Partenkirchen

ISOMETRIE:

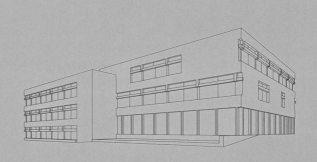

LAGEPLAN:

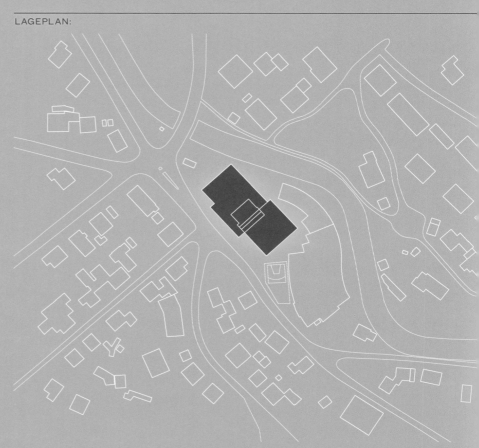

GRUNDRISS:

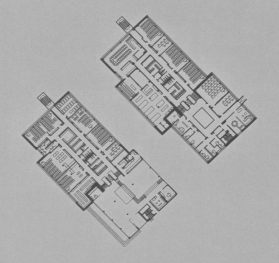

ISOMETRIE:

LAGEPLAN:

HAMBURG

Weltquartier
Veringstraße
Weimarer Straße

Neubau 2/3,
Sanierung 1

BAUHERR:
SAGA GWG Hamburg

① SANIERUNG
WEIMARER STRASSE 100–104
FERTIGSTELLUNG:
2011
BGF:
6.974 m²

② NEUBAU AM
GERT-SCHWÄMMLE-WEG
(ROTENHÄUSER STRASSE 77 A–C)
FERTIGSTELLUNG:
2012
BGF:
3.666 m²

③ SANIERUNG
ROTENHÄUSER STRASSE 77–79
FERTIGSTELLUNG:
2013
BGF:
1.900 m²

④ SANIERUNG VERINGSTRASSE 148–152
FERTIGSTELLUNG:
2013
BGF:
2.936 m²

⑤ NEUBAU VERINGSTRASSE 114–128
FERTIGSTELLUNG:
2013
BGF:
7.406 m²

Siehe Seite 62

MÜNCHEN

Allgemeine Innere Verwaltung – Staatsministerium des Inneren

Neubau

BAUHERR:
Freistaat Bayern,
vertreten durch
Staatliches Bauamt München 1

FERTIGSTELLUNG:
06/2016

BGF:
5.507 m²

SONSTIGES:
Passivhaus

Franz-Josef-Strauß-Ring 2A
80539 München

ISOMETRIE:

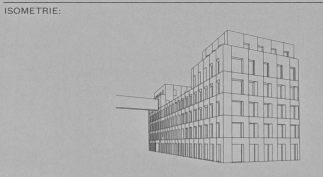

LAGEPLAN:

GRUNDRISS:

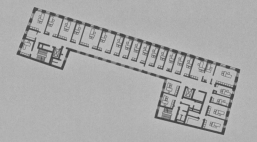

ISOMETRIE:

LAGEPLAN:

ISOMETRIE:

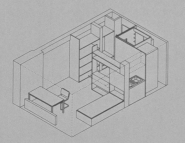

MÜNCHEN

Studentisches Wohnhochhaus Oberwiesenfeld

Sanierung

BAUHERR:
Studentenwerk München
Anstalt öffentlichen Rechts

FERTIGSTELLUNG:
04/2013

BGF:
28.751 m²

PREISE & AUSZEICHNUNGEN:
- Bayrischer Wohnungsbaupreis, 2012
- best architects 14, 2013
- Deutscher Bauherrenpreis Modernisierung 2013
- Preis für Stadtteilpflege 2016
- db-Wettbewerb – Bauen im Bestand „Respekt und Perspektive", 1. Preis, 2014

AUSSTELLUNG:
- 13. Architektur-Biennale in Venedig, 2012

Helene-Mayer-Ring 7
80809 München

Siehe Seite 34

NÜRNBERG

Verwaltungs-
hochhaus
„Am Plärrer"

Sanierung

BAUHERR:
N-ERGIE AG

FERTIGSTELLUNG:
08/2019

BGF:
17.944 m²

Am Plärrer 43
90429 Nürnberg

Siehe Seite 72

ISOMETRIE:

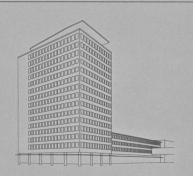

LAGEPLAN:

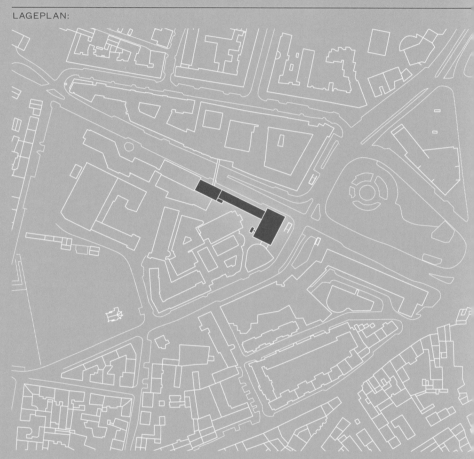

GRUNDRISS:

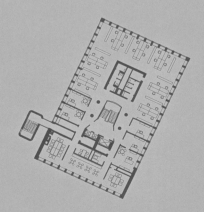

ISOMETRIE:

SCHÖNECK

Jugendherberge

Neubau

BAUHERR:
Deutsches Jugendherbergswerk
Landesverband Sachsen e.V.

ERÖFFNUNG:
12/2019

BGF:
4.590 m²

FUNKTION:
Empfang, Gemeinschaftsräume,
Großküche, Technik,
Unterkunftsräume

SONSTIGES:
– 136 Gastbetten in
  Zwei- bis Fünfbettzimmern

Am Stadtpark 52
08261 Schöneck

LAGEPLAN:

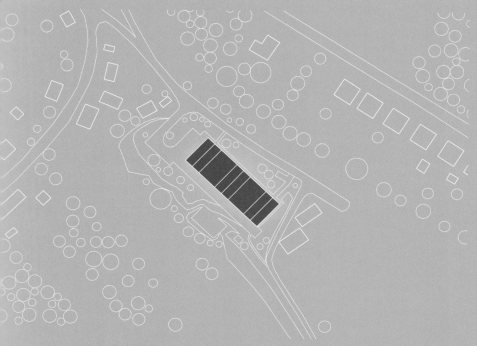

GRUNDRISS:

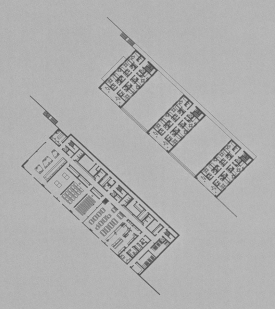

Impressum

HERAUSGEBER
Knerer und Lang
Architekten GmbH

KONTAKT
architektur@knererlang.de
www.knererlang.de

Büro Dresden
Werner-Hartmann-Straße 6
01099 Dresden
T +49 351 804 40 00

Büro München
Gunezrainerstraße 6
80802 München
T +49 89 99 015 881

KONZEPT
Thomas Knerer
Eva Maria Lang

GESTALTUNG
nomad studio

TEXT
Peter Cachola Schmal, Orla
Connolly, Florian Heilmeyer,
David Kasparek, Knerer und
Lang Architekten GmbH,
Philipp Sturm, Jens Weber

LEKTORAT
Mirko Partschefeld

ILLUSTRATION
Jan Feindt

FOTOGRAFIE TITEL
Orla Connolly

FOTOGRAFIE
Joerg von Bruchhausen,
Orla Connolly, Uwe Dettmar,
Claus Felix, Klaus Frahm,
Roland Halbe, Volker Kreidler,
Christian Lorenz, Roland
Meinecke, Inga Paas, Artur
Pfau, Christoph Reichelt,
Philippe Ruault, Till Schuster,
Margherita Spiluttini,
Thomas Spring, Petra
Steiner, Roland Unterbusch,
Jens Weber

DANKE
Wir bedanken uns für die
Unterstützung bei der
Bildrecherche und beson-
ders für das zur Verfügung
gestellte Bildmaterial bei:

Architekturmuseum
der TU München

David Chipperfield Architects

Deutsches Architekturmuseum
(DAM), Frankfurt am Main

Herzog & de Meuron

Institut für Stadtgeschichte,
Frankfurt am Main

Philippe Ruault

Archiv StWN/N-ERGIE

PAPIER
Inhalt: Igepa,
Maxioffset 150 g/qm

Umschlag: Fedrigoni, Symbol
Card E33 Raster 300 g/qm

FSC
www.fsc.org

MIX
Papier aus verantwor-
tungsvollen Quellen
FSC® C014405

DRUCK
Druckerei Vogl GmbH & Co. KG
www.druckerei-vogl.de

Die Deutsche Nationalbibliothek
verzeichnet dieses Magazin
in der Deutschen Nationalbi-
bliografie; detaillierte bibliogra-
fische Daten sind im Internet
über http://dnb.d-nb.de abrufbar.

jovis Verlag GmbH
Lützowstraße 33
10785 Berlin

www.jovis.de

jovis-Bücher sind weltweit
im ausgewählten Buchhandel
erhältlich. Informationen
zu unserem internationalen
Vertrieb erhalten Sie
von Ihrem Buchhändler
oder unter www.jovis.de.

ISBN 978-3-86859-731-8